NO CULPES A LA LUNA

MIKA VIDENTE

NO CULPES A LA LUNA

UNA **GUÍA ASTROLÓGICA** PARA LLEVARTE
BIEN CON (CASI) TODO EL MUNDO

 Planeta

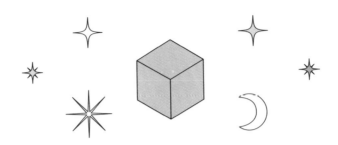

Índice brujil

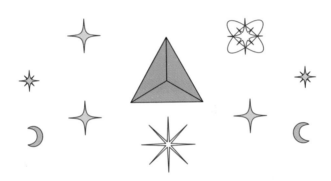

¡BIENVENIDE, MI BEBÉ DE LUZ!

PRIMERO QUE NADA, BUENOS DÍAS, BUENAS TARDES, BUENAS NOCHES (SEGÚN SEA EL CASO). SEGUNDO QUE NADA, DÉJAME DECIRTE QUE SI TIENES ESTE KERMOSO LIBRO EN TUS MANOS NO ES CASUALIDAD. YA SEA QUE HAYAS JUNTADO TU DINERITA Y TE LO HAYAS COMPRADO, O TE LO HAYAN REGALADO. LO DIGO PORQUE ASÍ EMPECÉ YO, MI CIELE. UN DÍA DE PEQUEÑE TOMÉ UN LIBRO DE MI ABUELITA, QUE HABLABA DE LOS SIGNOS ZODIACALES. EMPECÉ A HOJEARLO, Y QUEDÉ ENAMORADE, OBESIONADE E INTERESADE EN SABER MÁS Y MÁS SOBRE ESTE TEMA HASTA SER LE BRUJE QUE SOY HOY EN DÍA.

EN ESTE LIBRO TE VOY A ENSEÑAR CÓMO LLEVARTE REBIÉN CON (CASI) TODO EL MUNDO CON LA AYUDA DE LOS ASTROS. Te voy a explicar qué pedo con la carta astral, cómo y de dónde sacarla; qué hacer si no sabes tu hora de nacimiento y, sobre todo, por qué resulta trascendental tenerla presente para relacionarte con la gente que te importa. En la carta astral hay un chingo de posiciones que nos revelan un chorro de cosas, pero aquí te voy a explicar los puntos que considero más relevantes para el objetivo de este libro: que entiendas tu universo astral y el de las personas que te interesan, y que uses ese conocimiento para relacionarte mejor con elles. Aquí vas a entender cómo es cada quien (Sol), cómo siente (Luna), cómo se comunica (Mercurio), cómo se presenta al mundo (ascendente), qué lo hace actuar (Marte) y qué desea (Venus). *PONERSE EN LOS ZAPATOS DEL OTRE ES ESENCIAL PARA SABER LLEVAR UNA RELACIÓN CHIDA DE CUALQUIER TIPO;* así que prepárate, porque son 12 signos, y eso significa 12 pares de zapatos (y no sabemos quién no se lavó las patas).

HERRRRMANE, DE VERDAD QUE MI ASCENDENTE EN GÉMINIS SE QUEBRÓ LA CABEZA PARA HACER ESTE LIBRO DIVERTIDO, ASÍ QUE NO ESTOY DICIENDO COSAS AL AIRE. TE PROMETO QUE SE TE HARÁ CERO ABURRIDO APRENDER. SI YA SABES UN POCO DE ASTROLOGÍA O DE ALGÚN OTRO TEMA ESOTÉRICO Y MÁGICO, NO HAY PEX PORQUE TE SERVIRÁ PARA COMPLEMENTAR LO QUE YA SABES, O TAL VEZ PARA VERLO DESDE OTRA PERSPECTIVA. Y SI, EN CAMBIO, NO CONOCES ABSOLUTAMENTE NADA, SERÁ UNA INTRODUCCIÓN DIVERTIDA Y PRÁCTICA AL MUNDO DE LA ASTROLOGÍA. ADEMÁS, ESTE LIBRO NO TIENE UN ORDEN ESTRICTO, ASÍ QUE PUEDES LEERLO COMO TE DÉ LA GANA (MI LUNA EN VIRGO GRITA POR DENTRO CUANDO TE COMENTO ESTO).

Me encantaría hablar sobre todos los aspectos de la carta astral, pero terminaría siendo una obra de mil páginas, y qué hueva, la verdad. Todes nos quedamos traumades con el Baldor. No quiero revivir el trauma, mi ciele. Te aseguro que este primer acercamiento va a estar chido y será más que suficiente para convivir en armonía con cada signo. En este libro te platicaré del signo solar y de cómo ve la espiritualidad cada uno. Te explicaré qué pedo con el ascendente y por qué se le considera nuestra manera de sobrevivir en este cruel pero bello mundo. *TAMBIÉN TE HABLARÉ DEL SIGNO LUNAR, QUE, OBVIO, ES IMPORTANTE PORQUE REPRESENTA NUESTRA MENTE EMOCIONAL, MÁGICA Y ARTÍSTICA; DE VENUS, QUE CUENTA CÓMO ES EL CORAZÓN DE CADA QUIEN, SEGÚN EL SIGNO DONDE ESTÉ; DE MERCURIO Y CÓMO SE COMUNICAN LAS PERSONAS; Y DE MARTE, QUE NOS DICE LO QUE IMPULSA A LAS PERSONAS Y QUÉ TAN HORNY SON, JA, JA, JA.*

Y ADEMÁS DE TODO ESO, MI BEIBE, TE VOY A DAR TIPS QUE PUEDES USAR PARA SEDUCIR, AMAR O SOLO LLEVARTE BIEN CON TODO EL MUNDO, INDEPENDIENTEMENTE DE LO COMPLEJA O RARA QUE SEA SU CARTA NATAL. ¿QUE ENTRASTE A UN NUEVO TRABAJO Y NO SOPORTAS A TU JEFE PORQUE TIENE MERCURIO EN ARIES? NO HAY PEDO. AQUÍ TE DIGO CÓMO MANEJARLO. ¿QUE TE LLEVAS MAL CON TU MAMÁ Y QUIERES MEJORAR LA RELACIÓN, PERO ELLA TIENE LA LUNA EN LIBRA? NO HAY PROBLEMA. AQUÍ APRENDERÁS CÓMO LLEGARLE AL CORA. ¿QUE TU CRUSH NO TE PELA Y YA TE ENTERASTE DE QUE TIENE VENUS EN ACUARIO? HERRRRMANE, NO TE APURES, ¡YO TE VOY A AYUDAR!

Saber de astrología es megaimportante. Es una herramienta de autoconocimiento y de conocimiento del otro como ninguna, y nos ayuda a encontrar equilibrio en nuestro mundo, tanto interior como exterior. Solo ponte a pensar, chiqui: si las personas supieran de astrología desde pequeñas, habría menos peleas en la munda porque seríamos más empátiques con le vecine. Sabríamos cómo convivir mejor con todes y encontraríamos explicación a cosas de nosotres mismes más fácilmente. Para empezar, tendríamos menos traumas y les psicólogues se quedarían sin chamba. Yo creo que la astrología, muchas veces, es el primer paso en la búsqueda espiritual, igual que la magia y el tarot. Empiezas leyendo qué pedo con los signos y luego te empiezas a meter en temas más espirituales porque tu ser interior te lo pide, porque te das cuenta de que atender el mundo espiritual es muy importante para ser felices. Pero ojo, eso no quiere decir que si lees este libro ya te tengas que dedicar *forever and ever* a lo espiritual. Si es el caso, mi cieleeee, bienvenide a Hogwarts, pásale por acá que ahorita mismo te ponemos el sombrero seleccionador y te colocamos en una casa perrona. Pero si no es el caso, no pasa nada. Lo que me interesa es que, si eres ingeniere, contadore, estudiante, artiste, doctore, filósofe o lo que sea, *TE ATREVAS A INTEGRAR A TU SER UN POQUITO DE CONOCIMIENTO ASTROLÓGICO Y ESPIRITUAL PARA QUE TE VAYA MÁS CHIDO EN LA VIDA.*

Eso sí, OJO, hermane. Recuerda que lo que te muestro acá está basado en tendencias energéticas y posiciones planetarias. Es más importante que tu rufiane haya superado a su ex que el hecho de que tú y elle sean compatibles astrológicamente o nel. *QUE QUEDE CLARO QUE LA ASTROLOGÍA NO SUPLE PARA NADA A UNA DEDICADA Y PODEROSA TERAPIA.* Aporta al plano espiritual y, por consecuencia, tiene un impacto en el plano emocional y físico; es una herramienta cabrona que te permite saber más de ti de una manera profunda, pero para nada debes dejar la terapia a un lado, mejor compleméntala con este conocimiento para que andes al cien en este plano material.

Dicho eso, atrévete a conocerte y a conocer a les demás desde la perspectiva de las estrellas y los planetas. *SIÉNTETE LIBRE DE EXPLORAR ESTE LIBRO A TU ANTOJO. SÁLTATE DE LA PÁGINA 10 A LA 150 Y LUEGO REGRESA A LA 30 SI ES NECESARIO.* Fluye y diviértete. Ojalá que te cause la misma sensación de asombro que me causó el primer libro de astrología que hojeé cuando era niñe en casa de mi abuelita.

AGÁRRATE LA
PELUCA, BEIBE, QUE VA
A SALIR VOLANDO CON
TODO LO QUE TE VOY A
CONTAR.

LA CARTA ASTRAL

OK, PRIMERO LO PRIMERO. PUEDE QUE SEAS INEXPERTE EN ESTOS TEMAS O BIEN LE MÁS CONOCEDORE, YO TE VOY A EXPLICAR QUÉ PEDO CON LA CARTA ASTRAL O NATAL, LA CUAL ES NUESTRA HUELLA DIGITAL DEL MUNDO ASTROLÓGICO. EN EL MOMENTO EXACTO DE NUESTRO NACIMIENTO HAY PLANETAS ALINEADOS EN DIFERENTES POSICIONES, QUE DETERMINAN CHINGOS DE ASPECTOS DE NUESTRA PERSONALIDAD, DE NUESTRA VIDA; NUESTROS PUNTOS DÉBILES Y NUESTRAS APTITUDES, ENTRE OTRAS COSAS. POR ESO NINGUNE LEO O PISCIS ES IGUAL A OTRE. A MENOS QUE, CLARO, HAYAS NACIDO EL MISMO DÍA, A LA MISMA HORA Y EN EL MISMO LUGAR, COMO UN GEMELE. PERO AUN ASÍ, HAY GEMELES QUE NACEN CON MINUTOS DE SEPARACIÓN, Y ESO HACE TODA LA DIFERENCIA CON SU ASCENDENTE. LA CARTA ASTRAL DETERMINA QUÉ PLANETAS Y QUÉ ENERGÍAS ESTABAN RIGIENDO ESE DÍA A LA HORA EXACTA EN LA QUE NACISTE. ESTÁ BIEN CAÑÓN, ¿NO?

Digamos que un día conoces a alguien que tiene tu mismo signo solar. Pon tú, Géminis. Mientras comparten un cafecito, te das cuenta de que ni de pedo se parecen en lo más mínimo y que la astrología es una mentira de la vida. Luego te das cuenta, una vez que elaboraron sus cartas astrales, de que tienen diferente ascendente y diferente Luna. OMG! ¡Quedaste! Ahí te das cuenta de que, por supuesto van a ser diferentes, porque sus signos lunares son muy distintos. Quizá tú tienes la Luna en Piscis y elle la Luna en Virgo o lo que sea. El día que naciste la Luna estaba alineada con el signo de Piscis, y la de elle, con el de Virgo. Esas pequeñas diferencias en alineaciones son lo que crea una diversidad muy grande de características en las personas, y por eso somos muy distintes entre nosotres. Por eso es importante conocer la carta astral de la gente, porque así podemos conocer al otre y aprender de elle. Conocer la nuestra nos lleva a un viaje introspectivo perrísimo. Conocer la del otre nos lleva a un viaje al exterior, aún más chido. No tengas miedo y conoce tu huella digital astral.

Ajá, y ¿cómo obtengo mi carta astral?

Para que tu carta astral se calcule de la mejor manera posible, tienes que saber tres cosas importantes: tu fecha de nacimiento, tu hora de nacimiento (superimportante para saber tu signo ascendente exacto), y el lugar de nacimiento (por cuestiones de husos horarios). ¡Y listo! Ahora que ya tienes estos datos es momento de calcularla.

NO SOMOS CALCULADORAS NI ROBOTS, ASÍ QUE TE VOY A DEJAR SITIOS WEB Y APPS PARA QUE TE AYUDEN EN EL PROCESO. ESCOGE EL QUE MÁS TE GUSTE O LA APP CON LA QUE MÁS TE ACOMODES.

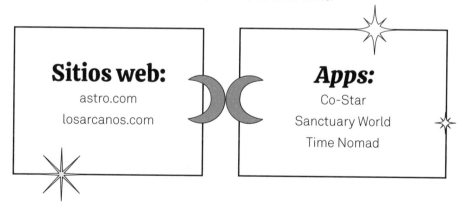

Sitios web:
astro.com
losarcanos.com

Apps:
Co-Star
Sanctuary World
Time Nomad

SI CONOCES OTRA APP U OTRO SITIO WEB, ¡BIEEEENVENIDE SEA, MI CIELE!

AHORA SÍ VIENE LO BUENO. UNA VEZ QUE CALCULES TU CARTA ASTRAL, TE SALDRÁ ALGO PARECIDO A ESTO:

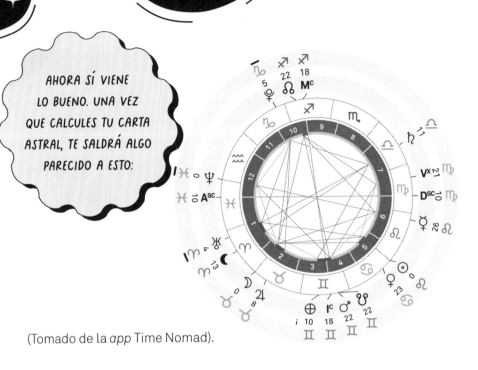

(Tomado de la *app* Time Nomad).

COMO PUEDES OBSERVAR, HAY UN CHORRO DE SIMBOLITOS QUE CONFUNDEN CAÑÓN SI NO SABES LEERLOS. NO TE PREOCUPES, BEIBE, QUE YO TE VOY A AYUDAR. PRIMERO QUE NADA, APRÉNDETE LOS SÍMBOLOS DE LOS SIGNOS DEL ZODIACO. TE JURO QUE ES CERO DIFÍCIL. ADEMÁS, NO MANCHES: TE SABES DE MEMORIA UN CHINGO DE DATOS CURIOSOS DE TU CRUSH, QUE NO TE APRENDAS ESTO YA SERÍA MUCHO.

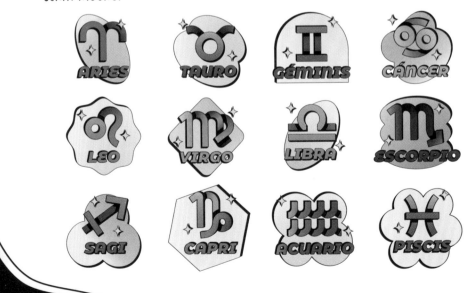

¡PERFECTO! MÁS DIVERTIDO QUE APRENDERTE LA TABLA DEL 8, ¿VERDAD? AHORA TE VOY A DECIR CÓMO SABER QUÉ PLANETA ESTÁ EN CADA SIGNO. LOS SÍMBOLOS DE LOS PLANETAS SON ESTOS:

SI LLEGAS A TENER PROBLEMAS PARA APRENDERTE LOS SÍMBOLOS DE LOS PLANETAS, NO HAY PEX; PUEDES REGRESAR A ESTE ACORDEÓN UNA Y OTRA VEZ HASTA QUE SE TE QUEDEN GRABADOS, BEIBE. TAMBIÉN PUEDES ECHARTE UNA GOOGLEADA, SI ERES FAN DEL ANIME, Y PONER «SAILOR MOON» PARA QUE VEAS QUE CADA SAILOR SCOUT TENÍA SU SIMBOLITO Y ASÍ TE SEA MÁS FÁCIL APRENDÉRTELOS. ASÍ ME LOS APRENDÍ YO, GGG.

Por último, mana, si se te hace difícil aprenderte toda tu carta astral, no te apures. Con más calmita te la memorizas. Ahorita solo apréndete tus *big three*, es decir, tus tres grandes. Llámales como quieras, beibe. Pueden ser tus *Destiny's Child*, tus Chicas Superpoderosas; si eres diseñadore puedes llamarles RGB, o como a mí me encanta llamarles: MI McTRÍO ASTRAL. Qué raro que ame llamarles así, porque no tengo NADA de Tauro en mi carta astral (por fortuna, je, je, je). Bien sabemos que el McTrío consta de hamburguesa, papas y refresco. Pues bien, su equivalente astral consta de: Sol, ascendente y Luna. La hamburguesa es el Sol, las papas son el ascendente y la Luna es el refresco. ¿Ves qué fácil es entenderle a este rollo?

✦ Observa la magia, chique ✦

Ahora sí, mi hermose. Es momento de darle sentido a lo que acabas de leer. Chécate la imagen.

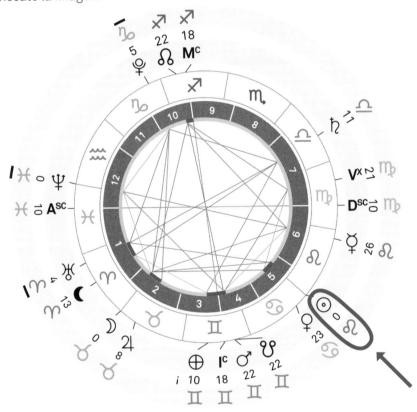

Están los símbolos de los planetas y al ladito el símbolo del signo con el que están alineados. En el ejemplo el símbolo del Sol está enmarcado en un óvalo, y al lado se ve el símbolo de Leo. Lo que quiere decir que esa persona tiene Sol en Leo, por lo que con seguridad es muy vanidose y hace dramas dignos de una nominación al Óscar. Ahí está la magia, es refácil y rebonito, ¿sí o no? Anota aquí abajo tus planetas y el signo con el que están alineados, para que te vayas aprendiendo tu carta.

✳ **Mi carta astral** ✳

PLANETAS	SIGNO
☉	
☽	
A^{SC}	
♀	
♂	
☿	
♃	
♄	
♅	
♆	
♇	

Ya sé que te dije que en este libro nos vamos a enfocar en los primeros cinco planetas y en el ascendente, pero nunca está de más saberte toda tu carta. Además, quién sabe, qué tal que hay una segunda parte...

AHORA SÍ, MI BEIBE. A PARTIR DE ESTE MOMENTO ERES TOTALMENTE LIBRE DE IRTE A LA PÁGINA QUA GUSTES PARA SABER CÓMO LLEVARTE BIEN CON CASI TODES, USANDO EL PODER DE LAS ESTRELLAS.

¡QUE EMPIECE EL VIAJE ASTRAL!

EL SOL, EL REY

 ## La esencia, el ego y lo que nos hace brillar

BEBÉ, RESPIRA UN MOMENTO Y HAZTE UNAS PALOMITAS, PORQUE ESTO SE VA A PONER BUENO. ME ENCANTA QUE YA HAYAS ENTENDIDO DE QUÉ SE TRATA LA CARTA ASTRAL. RECUERDA QUE ES UN MAPA DE NOSOTRES. ES COMO CUANDO PASABAS EL CHISMÓGRAFO EN EL SALÓN DE CLASES, ASÍ DE CHISMOSA ES LA CARTA ASTRAL. MI ASCENDENTE EN GÉMINIS ENTRÓ AL CHAT, Y QUIERE EMPEZAR A MANDAR AUDIOS, JE, JE, JE.

Como te decía al inicio de este capítulo, la carta astral o carta natal es una superherramienta para el autoconocimiento. Básicamente, para saber de qué lado masca tu iguana, y también para saber si tu iguana y la de le vecine son compatibles, o si podrían terminar agarrándose a coletazos. Te decía que no hacía falta que te aprendieras toooda tu carta astral y que bastaba con que te aprendieras tu McTrío: el Sol, el ascendente y la Luna. En este capítulo vamos a hablar de tu hamburguesa, es decir, de tu Sol.

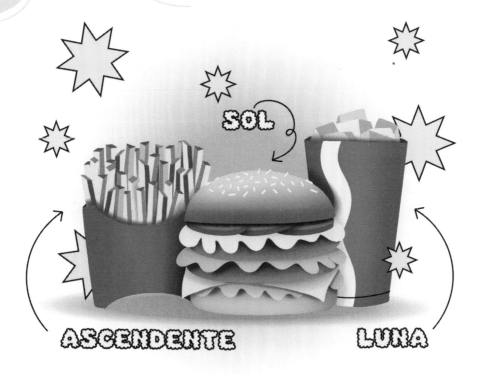

SOL

ASCENDENTE

LUNA

El Sol representa el ego, el yo. Es una parte muy importante de nuestro ser,
porque es nuestra esencia. Son nuestras bases, cómo nos identificamos
con el mundo y cómo lo apreciamos. Casi casi son nuestros principios, pero
no es una parte que sale a la luz luego luego. Hay que conocer más a fondo a
la persona, platicar y convivir con elle para llegar al mero centro. ¿Cómo vas
a saber a qué sabe la hamburguesa si no le das una mordida?

UNA COSA MUY COOL DEL SOL ES QUE NOS ENSEÑA A MIRAR LA ESPIRITUALIDAD
DE UNA MANERA PARTICULAR Y TIENE LAS CLAVES PARA COMPRENDER Y
BRILLAR MÁS QUE GLITTER DE MAQUILLAJE DRAG EN LA VIDA. MI SOL EN PISCIS
VE TODO COMO PARTE DE LO ESPIRITUAL: NO HAY UN MOMENTO DEL DÍA EN EL

QUE NO PIENSE QUE TODO ESTÁ RELACIONADO CON ALGO MÁS ALLÁ. UNA ENERGÍA QUE NOS SOBREPASA. YA DESPUÉS VEO PASAR UN PERRITO Y ME DISTRAIGO (JA, JA, JA), PORQUE #SUPERPISCIS.

Fíjate, a pesar de que el Sol es la parte principal de nuestra carta, no nos define del todo; o, mejor dicho, no al 100%. Así funciona la carta natal: somos muchas cosas a la vez. Por eso resulta difícil definirnos solo por el signo solar. Hay veces que me siento más geminiane que pisciane y eso está cool. Sin embargo, conocer tu Sol es importante para saber qué quiere el ego, cómo ve a los demás, cuál es la clave para brillar y cómo entiendes la espiritualidad.

Eso sí, recuerda que en este mundo hay positivo y negativo. Siempre hay dos polos. Por lo tanto, no hay signo que nomás de nacimiento ya sea el mismísimo anticristo, o al revés. TODOS los signos son increíbles, y todos tienen el potencial de sacarte canas verdes. Depende de qué tan equilibrados estén. Une Escorpio mal equilibrade puede ser vengative, mientras que une Escorpio bien equilibrade será le amigue más fiel que encontrarás. Así que ya deja de pensar que hay signos buenos y malos. Todos los signos son cool. Y todos los signos pueden ser unes hdlch.

YA QUE ESTE PUNTO QUEDÓ CLARO, VAMOS PUES A VER CÓMO ES LA ESENCIA, EL «YO» DE CADA SIGNO SOLAR. ABRÓCHATE EL CINTURÓN, BEBÉ, PORQUE ESTE RECORRIDO ASTRAL APENAS COMIENZA. ¡ÁMONOOOOOS!

El Sol, El Rey

Aries

«YO SOY CANDELA DE LA QUE QUEMA»

(NACIDES DEL 21 MARZO AL 19 DE ABRIL)

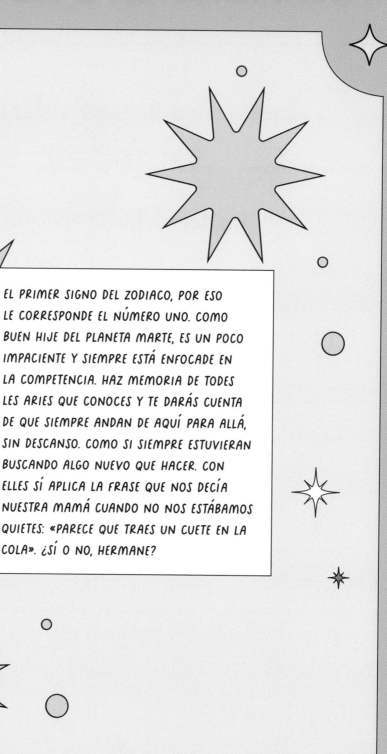

EL PRIMER SIGNO DEL ZODIACO, POR ESO LE CORRESPONDE EL NÚMERO UNO. COMO BUEN HIJE DEL PLANETA MARTE, ES UN POCO IMPACIENTE Y SIEMPRE ESTÁ ENFOCADE EN LA COMPETENCIA. HAZ MEMORIA DE TODOS LES ARIES QUE CONOCES Y TE DARÁS CUENTA DE QUE SIEMPRE ANDAN DE AQUÍ PARA ALLÁ, SIN DESCANSO. COMO SI SIEMPRE ESTUVIERAN BUSCANDO ALGO NUEVO QUE HACER. CON ELLES SÍ APLICA LA FRASE QUE NOS DECÍA NUESTRA MAMÁ CUANDO NO NOS ESTÁBAMOS QUIETES: «PARECE QUE TRAES UN CUETE EN LA COLA». ¿SÍ O NO, HERMANE?

Los 6 imperdibles de Aries

Un derroche de energía

Bebé, Aries tiene más pila que un Nokia. Por eso es supernormal que se aburran en chinga. Son esas personas que tienen mil planes todo el día, porque no saben quedarse quietes un momento. Tengo la teoría de que podrían implotar.

Su fuego interno está constantemente activo porque ven el mundo como un lugar enorme para explorar y hacer de todo cuando quieran y como quieran. Tienen el número uno, y ese número tiene que ver con la identidad. Por eso es supercomún que les Aries no sepan pa' dónde van o quiénes son, y que se la pasen haciendo cosas para averiguarlo.

Las cosas pa' ya, mije

Hermane, Aries es una bomba de ideas locas que no solo se quedan en su mente, sino que son capaces de hacerlas realidad en un dos por tres. Mientras tú piensas qué responderle a tu crush, elles ya le marcaron, se le declararon y están pensando en qué *nudes* enviarle. Para Aries las cosas son para ya, mije. Son les más impacientes del zodiaco. Pero justo por ser tan impacientes necesitan cuidar su cuerpa, luego por andar en chinga se andan accidentando. Amigue Aries, aprende a descansar, a estar contigo y a estar en calma, por favor.

Como la Lady G.

Les Aries son impulsives y les importa un pepino lo que los demás piensen. Lo anterior los hace brillantes y encantadores, kit esencial para materializar proyectos a como dé lugar. Pero no todo es chido en este mundo, mana, Aries también tiene sus detallitos. Empiezan mil ideas y no terminan ni una. Como Lady Gaga (la más Aries), que nos da mucha magia con cada nuevo disco, pero nos debe un chorro de videos, ¿sí o no? Aries se aburre demasiado rápido y ya está brincando al siguiente proyecto, ¡y no termina ni el primero! Así que si eres Aries, una de las lecciones más importantes que debes aprender es a estar en calma y enfocar tu atención. Por favor, TERMINA LAS COSAS. Perdón por las mayúsculas, mana. Es que me preocupo por ti.

Cuidado, que quema

Hay otros tres puntos MUY importantes que debemos tocar con respecto a este carnerito del zodiaco. El primero es que son supercompetitivos, o sea te puede dejar de hablar por unos minutos después de que le ganaste en el *Mario Party*.

El segundo es que tienen un genio de los mil demonios: son enojones, iracundos y dramáticos. Lo chido es que se les pasa en chinga y a los cinco minutos ya te andan pidiendo perdón. La clave para que no pierdan la cabeza con sus berrinches y sus ataques de ira es que respiren. Haz de cuenta ese comercial que decía: «Cuenta hasta diez…».

¿Qué recomienda Mika Vidente? Sacar esa energía a través del movimiento, en clases de perreo intenso, practicar vóleibol, crossfit o simplemente correr. Piensa dos veces y cuenta hasta diez antes de explotar y ser hiriente. Recuerda que perder amistades por berrinchitos no está chido.

Ese mismo fuego que les hace enojarse también los hace ser pura candela sexual, y ese es el tercer punto. La neta estes bebés están dentro de mi top de experiencias del tercer tipo en la cama. Tienen un chorro de energía y saben muy bien cómo sacarla en la intimidad.

Da boss

Debido a que es un signo cardinal, del elemento fuego, Aries nació para ser un excelente líder. Puede estar al frente de grandes proyectos y creando soluciones y productos nunca antes vistos. Siempre que veas una creación locochona, irreverente y divertida, seguramente fue hecha por une Aries. Ojo, beibe, ser buen líder significa que también tienes la capacidad de enseñar y de guiar, no solo de mandar. Une Aries mal equilibrade se vuelve egoísta y todo un tirano narcisista. Eso no lo hagas, plis.

No controles

Les Aries se aburren rápido de todo y es supercomún que escojan combinaciones de colores muy vibrantes para vestir o incluso para pintarse la pela. ¿Ubicas a Ramona Flowers de *Scott Pilgrim*? Pues de seguro era Aries porque cambiaba de color de cabello cada que se le ocurría, porque le aburría. La neta se sienten muy cómodes vistiendo como les dé la gana, así que ni se te ocurra criticarles su estilo. ¡Ah!, y una última cosita. Jamás, espera que lo pongo en mayúsculas..., JAMÁS LES DIGAS QUÉ HACER. No toman muy bien las órdenes, y mucho menos aceptan que los manden. Listo, puedes pasar al siguiente signo.

Sol en Aries

Datos clave

Elemento: Fuego **Regente:** Marte **Modalidad:** Cardinal

También conocide como:
LA MÁS CAMPEONA, LA NUMBER ONE, LA BEBECITA,
LA MÁS DRAMÁTICA.

Cualidades chidas: SON PIONERES, CREATIVES, APASIONADES, TIENEN ENERGÍA ILIMITADA, SON LÍDERES NATES, COMPETITIVES E INVENTIVES.

Cualidades no tan chidas: TAMBIÉN SON BIEN BERRINCHUDOTES, DRAMÁTICXS MIL, ENOJONES, IRACUNDES, IMPULSIVES, MEDIO VIOLENTES... SÍ TE ANDAN SOLTANDO UN MADRAZO.

Dato curioso: LES ARIES GENERALMENTE TIENEN CARA DE BEBÉ. SIEMPRE LES DA MIEDO LO DESCONOCIDO U OCULTO. SE SORPRENDEN LUEGO LUEGO DE LAS COSAS, COMO HARÍA UN BEBECITO.

Tauro

«YO SOY TODO LO QUE SE SIENTA RICO»

(NACIDES DEL 20 DE ABRIL AL 20 DE MAYO)

PASEMOS AL NÚMERO DOS DEL ZODIACO. LA NETA ESTÁ COOL QUE TAURO TENGA EL NÚMERO DOS, PORQUE NUMEROLÓGICAMENTE HABLA DE LAS RELACIONES Y DEL EQUILIBRIO EN EL MUNDO MATERIAL. YA SÉ QUÉ ESTÁS PENSANDO, BEIBE. QUE QUÉ SIGNO TAN MÁS TERCO, TAN MÁS CABEZA DURA Y RENUENTE AL CAMBIO. Y LA VERDAD ES QUE TIENES TODA LA RAZÓN. LES TAURO, CUANDO SE PONEN EN EL PAPEL DE LA PARED MÁS DURA DE LA CASA, PUEDEN SER MÁS INCÓMODES QUE CUANDO SE TE METE EL CALZÓN Y VAS EN PLENA CALLE Y NO TE LO PUEDES SACAR. NO TE CULPO. PERO RECUERDA QUE, ASÍ COMO ESTAS CUALIDADES NEGATIVAS REPRESENTAN REBIÉN A TAURO, TAMBIÉN HAY OTRAS POSITIVAS QUE LE REPRESENTAN AÚN MEJOR.

Los 6 imperdibles de Tauro

Hijes de Venus

Les Tauro son vanidoses por ser hijes de Venus, aman verse bien en todo momento porque para elles el exterior y la manera en la que les demás les perciben es importante. Jamás verás a une Tauro en un evento social fachose o desarreglade. Elle va a estar usando su mejor *outfit*, y todo está perfectamente pensado. Cada cosa en su lugar, acomodada perfectamente para una razón en específico: deslumbrarte.

Recuerda que, en el panteón romano, Venus era La Diosa del Amor. Pero no solo eso, sino que también era la diosa de los placeres. Nómbrame a une Tauro al que no le guste la comida como placer principal de la vida. Sorry, bebés que se quejan de que a Tauro solo se le relaciona con la comida, pero es una de sus configuraciones de nacimiento. ¿Quieres hacer enojar a une Tauro? Dile que la comida que preparó no te gustó. Van a poner cara de cheeto: ¡torcida!

Ahora, Tauro resulta superbuen cocinere y con rebuena sazón. Mi hermana tiene su Luna en Tauro y por más que no limpie lo que usa cuando cocina y le choque lavar trastes (muy de su Sol en Capri), cocina superbién, y además ama hacerlo.

All the pretty things

Tauro a veces es medio materialista (por culpa de Venus), y es capaz de trabajar solamente para tener un chorro de lana y gastar en cosas caras que, según elle, le dan estatus y le ponen por encima de les demás. Por eso les cuesta entender las cosas espirituales o mágicas, pues no es algo que puedan comprar; para elles sí aplica bien cañón el: «Hasta no ver, no creer».

Tenles mucha paciencia, porque en el momento en el que no crean algo te van a refutar con un argumento de que lo invisible es ridículo. No intentes convencerles de una, mejor usa el modo *Inception*: ve poco a poco metiéndoles la idea hasta que un día cedan y crean que fue suya. Mientras crean que se les ocurrió a elles primero que a ti, estás a salvo.

Celos de tus labios cuando besas a otre chique

Así es, mi ciela, ya llegamos a la parte medio incómoda de Tauro. Ufff, y no hemos pasado a la parte donde Tauro, en su afán de proteger, se vuelve bien celose, mana. En el *ranking* de les más celoses del zodiaco está este bebé. Lo peor es que tienden a ser tan protectores que alejan a sus parejas de amigues y demás. ¡Aguas!

Fuera de mi zona de confort, nada

Hace mucho salí con un par de Tauros —tranqui, no al mismo tiempo—, y la verdad es que saben muy bien cómo usar su enorme corazón para cuidarte y envolverte en una atmósfera de romanticismo y *Netflix and chill* cada semana. Y el problema es ese.

Les cuesta mucho atreverse a salir de su zona de confort, y creo que es porque les aterra no saber qué esperar de algo que desconocen. Aman tanto tener todo bajo control y sentir que ellos fueron la mente maestra detrás del éxito, que cuando se les cuestiona se encabronan. Si te topas con une Tauro así y quieres proponerle algo nuevo, trabájale la idea *Inception* que te compartí hasta que un día acepten. ¿Maquiavélico? Sí. ¿Efectivo? También.

Qué hay p' arreglar, que yo se lo arreglo

Este chique se lleva el premio al mejor solucionador de problemas, neta no hay signo más práctico que esta máquina de soluciones *Mi Alegría*, y tal vez se deba a que todo lo ve como un reto para hacer la vida más cómoda.

Buscar el cómo resolver un problema les ayuda a practicar la confianza en sí mismes y lograr ser enfocades, al grado de darles forma no solo a sus ideas, sino también a las de otres.

Señora de las plantas

Tauro ama tener contacto con la naturaleza. Lo mejor que puedes hacer es llevarles un día a un mercado de plantas, donde se van a volver loques y van a querer comprar todas. Para que encuentren calma estos bebés tienen que acercarse a la naturaleza de cualquier forma, si no, se sentirán asfixiades y más gruñones de lo que ya son. Deben entender que no todo es el mundo material. Encuentren el equilibrio y van a ver cómo todo fluye mejor en su vida, bebés.

Sol en Tauro
Datos clave

Elemento: Tierra   **Regente:** Venus   **Modalidad:** Fijo

También conocide como:
LA MÁS PROTECTORA, LA SEÑORA DE LAS PLANTAS, LA MÁS VANIDOSA.

Cualidades chidas: SON PROTECTORES, PERSEVERANTES, PRÁCTIQUES, TALENTOSES, MUY AMOROSES Y COCINAN BIEN CHIDO.

Cualidades no tan chidas: SON TERQUES, TESTARUDES, CERRADES DE MENTE, CELOSES, SUPERFICIALES, MATERIALISTAS, Y SE VISTEN CON COLORES ABURRIDOS.

Dato curioso: SIEMPRE CREEN EN LES DEMÁS, PERO A VECES LES CUESTA ECHARSE PORRAS SOLITES. AMAN A LOS PERRITOS DE RAZA GRANDE. SON BIEN LENTOS EN EL AMOR.

Géminis

«YO SOY WIKIPEDIA»

(NACIDES DEL 21 DE MAYO AL 20 DE JUNIO)

MI BEIBE, SORRY POR LO QUE HAS
ESCUCHADO ANTES DE ESTE SIGNO, PERO
DÉJAME DECIRTE QUE HAS LLEGADO A
LA SECCIÓN DONDE CONOCERÁS A UNO
DE LOS SIGNOS MÁS COOL, CHISTOSES
Y ENCANTADORES DEL ZODIACO. Y NI
MODO. NO LO DIGO PORQUE YO TENGA
EL ASCENDENTE EN GÉMINIS, MANA. LO
DIGO PORQUE GENERALMENTE ASÍ ES
ESTE HIJE DE MERCURIO.

El Sol, El Rey – Sol en Géminis

Los 6 imperdibles de Géminis

Esta cosa no se calla y me dijo «mejor amike»

Se le dio la misión de transmitir mensajes, de abrir los canales de comunicación en todos los aspectos. O sea, habla un chingo y no existe un hechizo pa' cerrarle el pico. Si te encontraras en la incómoda y penosa situación de que elle no te deja hablar, no te sientas mal de decirle «Espérame, no he terminado» y seguir hablando tú.

Debo advertirte que también puedes toparte con Géminis que, además de habladores, tienen síndrome de Chabelo. ¿Te acuerdas de su eslogan? «El amigo de todos niños», pues haz de cuenta. Lo malo es que es muy común que todas las conexiones las vea igual, por lo que mañana no se acordará de ti a menos que tengas algo que ofrecerle. Está horrible, pero eso es une Géminis mal equilibrado.

Yo puedo sole

Cuando el conocimiento no está a la mano, les Géminis no se aguantan y buscan la manera de aprender a como dé lugar. Son el signo más autodidacta del zodiaco. En mi experiencia como ascendente en Géminis, te puedo decir que cuando trabajaba en agencia de diseño y se me ocurría una idea, pero no tenía las habilidades para realizarla, me ponía a investigar y a ver tutoriales hasta aprender cómo hacerla, porque a mí NADA ni NADIE me detenía.

La Wikipedia del zodiaco

¡Hije de Mercurio con una agilidad mental tremenda! Les encanta adquirir conocimiento de todos lados y de todo tipo, porque para elles nutrir su mente es lo más importante. La neta es que no vas a conocer a un signo con más datos *random* que une Géminis. Lo que más me encanta de estos pericos parlanchines es que saben de todo, y eso les hace muy interesantes. Si quieres conocer a alguien que te haga reír y te cuente cosas interesantes mientras salta de un tema a otro, Géminis es la opción. Su necesidad de conocimiento hace que se acuerden de los datos más curiosos de la vida. Un día te hablan de cine y otro de la teoría de que Lady Gaga es reptiliana. Son todo un abanico de posibilidades.

Gossip Girl xoxo

Así es, no iba a dejar pasar esto. La neta, todo lo que tenga que ver con comunicación le compete a este bebecite del zodiaco. Y si eso significa participar en el radiopasillo de la empresa lo hará con orgullo. A veces no está mal chismear un rato, pero inventar chismes es otra cosa. El problema es que cuando no está equilibrade investiga solo en la superficie de las cosas y se queda con la primera capa de la información. Cuando pase esto y le detectes, hazle saber que no estás interesade en el chisme o dile en buen pedo que no invente cosas. ¡En este libro no se apoya el chismecito sin fundamentos!

Mije aprende muy rápido

Si tú eres mamá o papá y resulta que tu criatura nació bajo el signo de Géminis, de una vez te digo que ese niñe no solo necesitará de un chorro de estimulación para no aburrirse, sino que estará replete de creatividad por todos lados. Lo mejor que puedes hacer es meterle a clases de todo aquello que le interese. El conocimiento nutrirá su mente y calmará sus ansiedades. Te voy a pasar un kermoso tip: vele acostumbrando a que termine las cosas que empieza desde chiquite. Empieza diciéndole que se acabe la comida. Así de básica puede ser esta estrategia digna de *Inception*.

Es un chiste andando

Perdóname que te lo diga, mije, pero si no quieres reír 24/7 ni pienses en salir con une Géminis, porque son un chiste con patas. Mi exnovie se molestaba cuando, en las reuniones, me ponía a hacer reír a todos, cosa que amo. Él decía que le incomodaba porque todos me veían como un chiste. Y yo: «Goey, amo que me vean como un chiste, déjame en paz». Deja a les Géminis brillar un poco con su encanto natural, y listo. Si te molesta que sea el centro de atención, sorry, beibe, pero no es para ti.

Un día sin wifi

Géminis gana la encuesta del signo que gasta más tiempo en redes sociales; tiene que ver con que la comunicación lo es todo para elle. Te apuesto a que conoces a une Géminis con perfiles ACTIVOS en todas las redes sociales, ¡para elles es una necesidad! Si conoces a une Géminis víctima de las redes sociales que no se despega del cel ni para ir a hacer popó, ayúdale a planear un día a la semana sin celulares. Vayan de día de campo o algo así; desconecta un ratito a ese zombi del *smartphone*.

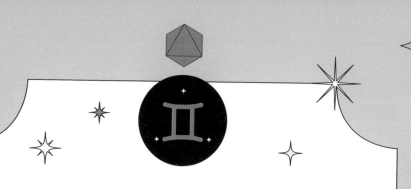

Sol en Géminis
Datos clave

Elemento: Aire   **Regente:** Mercurio   **Modalidad:** Mutable

✦✦✦✦✦✦✦✦✦✦✦

También conocide como:
LA MÁS INFORMADA, PERSONA RADIOPASILLO, LA MÁS INTELIGENTE, LA MÁS AMIGUERA.

Cualidades chidas: MUY PROPOSITIVES, BASTANTE OCURRENTES, SON SUPER-MULTITASK, TIENEN UNA SOLUCIÓN PARA TODO, PIENSAN FUERA DE LA CAJA SIEMPRE.

Cualidades no tan chidas: MUY DESPREOCUPADES DE LA VIDA EN GENERAL, MEDIO VALE MADRES, NO SE COMPROMETEN TAN FÁCIL, NO SABEN QUIÉNES SON LA MAYOR PARTE DE SU VIDA Y ESO HACE QUE ESTÉN EN CONSTANTE EVOLUCIÓN.

Dato curioso: LES ASCENDENTES EN GÉMINIS (COMO TU SERVIDORE) SIEMPRE APARENTAMOS MENOS EDAD. MUCHOS SOL EN GÉMINIS NECESITAN LENTES. GÉMINIS SIEMPRE DICE: «YO VOY A PROBAR TODO POR LO MENOS UNA VEZ EN MI VIDA».

Cáncer

«YO SOY EL TECITO Y LA MANTITA
EN UN DÍA DE LLUVIA»

(NACIDES DEL 21 DE JUNIO AL 22 DE JULIO)

MI BEIBE ADORADE, HAS LLEGADO A LA SECCIÓN MÁS CARIÑOSA E INTUITIVA DEL ZODIACO. ESTA SECCIÓN DEDICADA AL CUARTO SIGNO DEL ZODIACO ES MÁGICA Y LLENA DE LÁGRIMAS CAUSADAS POR UNA SENSIBILIDAD CAÑONA. ASÍ ES, ESTÁS EN LA CASA DE CÁNCER. BIENVENIDE, AQUÍ TE SENTIRÁS CÓMODE Y QUERIDE, SOLO NO LLEGUES SIN AVISAR, PLIS.

El Sol, El Rey – Sol en Cáncer

Los 6 imperdibles de Cáncer

¿Creadore del *Sad Girls Club*?

A Cáncer se le dice constantemente que es el signo más débil solo por ser hipersensible, pero la neta es un superpoder muy cabrón. Qué cañón poder sentir y entender al cien las emociones de une misme y de les demás. Llorar es la muestra de vulnerabilidad más fuerte, y eso es de valientes. A este signo suelen hacerle el feo porque saben que son bien llorones, lo que la gente no entiende es que, como la mismísima Lana del Rey, Cáncer es creadore del *Sad Girls Club*. No porque le encante sentirse triste, sino porque llorar es una de las mejores formas de sacar las emociones que le invaden todos los días. Así que si necesitas llorar a gusto, invita a une Cáncer y que comience la chilladera. No te va a juzgar, y además va a entenderte al cien.

Lo conocí hace poco y ya me habló de matrimonio

Hermane, siento que la gente le huye a les Cáncer por este motivo, más que por hipersensibles. Para Cáncer es muy importante el compromiso y de seguro ya quiere casarse y tener hijes; pero si neta no te vibra y ni quieres dar ese paso aún, no debería darte miedo decirle que no estás liste. No sientas feo si se pone a llorar cuando se lo digas. Esas son cosas que *elle* tiene que aprender a manejar con inteligencia emocional. Tampoco seas culere y salgas corriendo. La comunicación SIEMPRE es la clave.

Reine del sarcasmo

Esta es una de las características más chistosas de este bebé de la Luna. Usa el sarcasmo como medio de protección. Casi siempre, cuando une Cáncer anda con la autoestima baja, está a la defensiva. Siempre se defiende con una dosis dolorosa de sarcasmo. No te desesperes, solo cambia el tema o distráele. Dale un abrazo y dile que no se tome todo personal. Se enojan fácil, pero salen de su caparazón bien rápido.

Fuente de creatividad y amor

Sorry para los demás signos, pero la mera verdad Cáncer es de los más creativos del zodiaco. Entienden tan bien el mundo exterior y el interior que logran producir cosas hermosas. Así que, si andas buscando a alguien que diseñe cosas bonitas y que entienda al cliente al cien por ciento, une Cáncer no te va a decepcionar. ¡Imagínate que estás ante el siguiente Picasso!

La intuición es mi mejor amiga

Empezamos con le primer brujite del zodiaco. Al ser del elemento agua, comparte este poder con sus hermanes Escorpio y Piscis. Si fueran como las *Charmed*, Cáncer sería la que ve el futuro y predice cosas. La Universa y la Luna le dieron uno de los dones más cool, que es el de predecir el futuro mejor que la Raven-Symoné. Si un día te dice que presiente algo o que soñó algo y se sintió muy real, hazle caso porque es muy probable que se cumpla. Jamás la trates de loca por dos cosas: primero, porque se siente bien feo que te digan que lo estás cuando dices que presientes cosas. La segunda es que vas a quedar como estúpide cuando las cosas se cumplan.

La familia primero

Continuando con el tema de mi Júpiter en Cáncer en la Casa 1, debo decir que la familia lo es todo para mí. A Cáncer le tocas el tema de la familia y te va a contar absolutamente todo. Cuida mucho de elles con todo lo que tenga disponible y les protegerá *forever and ever*. Hace poco descubrí que no me iba de casa de mis papás a ser independiente porque me preocupaba mucho el qué iban a hacer sin mí. ¡Era mi Júpiter en Cáncer! Cáncer se siente el pilar de la familia, y si te encuentras con une pareja que aún no sale de casa de sus papás, hazle saber que cuando vivan juntos van a visitarles, y problema solucionado.

Sol en Cáncer
Datos clave

Elemento: Agua   **Regente:** La Luna   **Modalidad:** Cardinal

También conocide como:
LA MÁS INTUITIVA, LA MÁS SENTIMENTAL, LA MÁS CHILLONA, LA MÁS HOGAREÑA.

Cualidades chidas: SUPERPERSEVERANTES, SABEN CUIDAR MUY BIEN DE LAS COSAS Y DE LAS PERSONAS, AMAN LA COMPAÑÍA DE SUS MASCOTAS, DAN LOS MEJORES ABRAZOS DEL ZODIACO.

....

Cualidades no tan chidas: SE QUEJAN DE TODO Y NO HACEN NADA PARA RESOLVERLO. HACERSE LA VÍCTIMA ES SU HOBBY. SE GUARDAN LAS COSAS Y QUIEREN RESOLVERLAS MESES DESPUÉS.

....

Dato curioso: CÁNCER SIEMPRE TIENE SUEÑOS REVELADORES QUE LE DAN MUCHA INFORMACIÓN, MUCHAS VECES PREMONITORIOS. UNE ABUELE CÁNCER ES LO MEJOR QUE TE PUEDE PASAR EN LA VIDA.

Leo

«YO SOY EL SOL»

(NACIDES DEL 23 DE JULIO AL 22 DE AGOSTO)

OJALÁ NO SEAS ALÉRGIQUE AL PELO DE GATO, MI BEIBE, PORQUE HEMOS LLEGADO AL REINO DE LES FELINES. MÁS FEROCES QUE EL MISMÍSIMO SIMBA, MÁS NOBLES QUE MUFASA Y MEDIO HUEVONES COMO GARFIELD. ASÍ ES, ESTAMOS HABLANDO DE LEO. EL SIGNO MÁS LEAL Y FIEL DEL ZODIACO. HIJE DEL MISMÍSIMO SOL, Y NO ESTOY HABLANDO DE LUISMI. BIENVENIDE A ESTA EXPERIENCIA CINEMATOGRÁFICA LLAMADA: LEO, EL MUSICAL DRAMÁTICO, DONDE SOLO HAY UN PROTAGONISTA, Y CLARAMENTE NO ERES TÚ.

El Sol, El Rey - Sol en Leo

Los 6 imperdibles de Leo

Artiste del zodiaco

La neta es que Leo busca siempre un poco de teatralidad en su vida, porque le encanta ver todo como una película donde claramente le protagoniste debe ser elle. Por eso ama crear. Adora crear cosas para su propia realidad. Es increíble en las artes plásticas y excelente actor. No me sorprende que el cine y el teatro estén llenos de Leos. Literal, nacieron pa' que les aplaudiéramos. Así que cuando te enseñe algo que creó con mucha emoción, apláudele, porque le puso mucho esfuerzo, y si te lo comparte es porque le importa tu opinión.

Este es mi show

Es muy probable que a lo largo de tu kermosa vida te topes con Leos que están mal equilibrades y te saquen canas verdes con sus dramas. Tal cual, como viven por el aplauso de los demás, tienen una tendencia medio fea a llamar la atención de las peores maneras, solo para que les pelen. Una de ellas es hacer drama de, LITERAL, TOOODO. Tengo une amiguite que trabajaba conmigo en la agencia, y cuando las cosas no salían como quería, echaba culpas a todo mundo mientras salían lágrimas de sus ojos. Yo sí le daba el Óscar a la mejor actuación, me cae. La solución es dejar de ponerle atención. Te juro que cuando ya nadie pela los dramas de les Leo, se enfocan en otra cosa y hacen conciencia de que no solo su historia es válida. Hay un mundo igual de interesante que el de elles allá afuera.

Los mejores *hosts*

Es momento de presumir a mi novio (además, sé que le va a encantar que lo haga porque es Leo). Siempre que sabe que habrá reunión en la casa se empeña por hacer que todo esté perfecto. Ojo, no tanto por el qué dirán los demás si encuentran la casa sucia, sino porque quiere que todos se la pasen bien. Es el perfecto *host*, porque limpia antes y después, y se encarga de que haya actividades que le gusten a todo mundo para que nadie se sienta apartade. Si te encuentras a une Leo que siempre pone su espacio para las pedas, agradécele llevando botana para la reunión.

Un consejito no requerido

Es muy común que les Leo se tomen la libertad de darte un consejo que no pediste, desde su fino y «objetivo» punto de vista. Cuando esto pase, no te lo tomes tan a pecho. Recuerda que sienten que su realidad es la única válida. Si no te molesta su opinión, solo ignora lo que dijeron. Basta con decir: «Sí, gracias por la observación, hermane», je, je. Y listo. Si de plano se pasan de lanza, ponles un alto y cambia de tema pa' que no se ofendan. Haz de cuenta, como cuando le avientas algo a un gatito para que se distraiga y deje de molestar.

Corazón valiente y de oro

Perdón si te ha tocado en la vida une Leo desequilibrade, pero este signo es el que tiene el corazón más grande, fiel y generoso de todo el zodiaco, beibe.

Y te lo digo porque vivo día a día con un hijo de Apolo que es cálido y no tiene miedo de demostrar su amor todo el tiempo. Lo que está supercool de estes bebés felines es que valoran toda muestra de amor y aman las demostraciones de afecto en público. Si llegas a toparte con une Leo superequilibrade, dile constantemente que le admiras y que amas lo que hace por ti. Y no solo eso, hermane. Da lo mismo que recibes de elle. El día que tengas y puedas gastar dinerita de más, hazle un regalote perrón y vas a ver cómo se derrite. Ojo, no es materialista, pero sí valora el esfuerzo que te costó conseguir eso tan especial para elle.

¿Dónde está mi celular?

Leo es distraíde porque está tan enfocade en su realidad, que no ve lo que hay alrededor. Se mete tanto en lo que ve de frente, que no sabe lo que viene por atrás hasta que siente el madrazo en la mollera. Si ya sabes que Leo es distraíde, antes de salir a cualquier lugar pídele que haga una lista mental de cosas para que no se le olvide nada, y pídele que ponga más atención la próxima vez cuando se le pierda algo o se tropiece y pise popó de perro.

✦ Sol en Leo ✦

Datos clave

Elemento: Fuego   **Regente:** El Sol   **Modalidad:** Fijo

También conocide como:

LA MÁS POPULAR, LA ESTRELLA DEL ZODIACO, LA MISMÍSIMA
HIJA DE APOLO, LA MÁS DISTRAÍDA.

Cualidades chidas: SON MUY GENEROSES, LEALES, LE ECHAN
MUCHAS PORRAS A SUS AMIGUES, FIELES HASTA MORIR, MUY CREATIVES
Y ARTÍSTIQUES.

....

Cualidades no tan chidas: A VECES PECAN DE SER MUY
VANIDOSES, NARCISISTAS, POQUI MENTIROSES, DISTRAÍDES AL MIL,
MUY DE SU REALIDAD.

....

Dato curioso: EL MUNDO ARTÍSTICO ESTÁ LLENO DE LEOS PORQUE
DESDE PEQUEÑOS SABEN QUE NACIERON PARA SER ARTISTAS. LAS
PERSONAS CON ALGO EN LEO EN SUS *BIG THREE* SUELEN TENER EL
CABELLO MUY GRUESO O MUY ABUNDANTE.

Virgo

«YO SOY LA VOZ DE LA RAZÓN»

(NACIDES DEL 23 DE AGOSTO AL 22 DE SEPTIEMBRE)

LLEGAMOS A LA PARTE DONDE TODO SE CUESTIONA Y SE PASA POR UN FILTRO DE RAZÓN Y NO DE INSTAGRAM. BIENVENIDE A LA CASA DE LE SEGUNDE HIJE DE MERCURIO, QUIEN HEREDÓ SU DON DE LA CURACIÓN, EL SERVICIO Y LA ADICCIÓN AL SUDOKU. LE MÁS SEVERE, EXIGENTE, DEDICADE AL DETALLE Y A LA MEMORIA. ES DECIR: VIRGO.

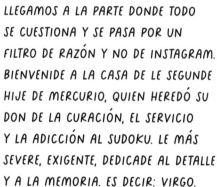

El Sol, El Rey - Sol en Virgo

Los 6 imperdibles de Virgo

TOC, TOC... ¿Quién es?

A ver, ya vine a tirar madrazos a todes les que crean que por ser Virgos ya nacieron con TOC (trastorno obsesivo compulsivo). Hay que mostrar respeto, hermanes. El TOC es una enfermedad mental que no debe tomarse como broma. Ahora sí, les Virgo quieren controlar todo lo que les rodea para sentirse segures, y tienen miedo de sentirse vulnerables.

Estos beibes aman tanto tener el control de las cosas porque, en su cabeza, significa que todo saldrá perfecto. Elles creen que la perfección en un aspecto de su vida es reflejo de que todo está bien en lo demás (obvio, así no funciona la vida, avísenles). Para evitar que tu amigue se ponga mal en un viaje o plan sencillo, dale el control de algo pequeño y tú encárgate de lo demás. Si no se deja, suéltale un: «¿No confías o qué?».

*Breve aclaración: Marie Kondo no es Virgo, y no tiene nada de Virgo en su carta. Saludos.

Corazón de piedra

Perdón por decirlo así, beibe. Pero llegar al corazón de une Virgo es una tarea un poco difícil. No voy a decir que imposible, porque mi Luna en Virgo siente mucho; el problema es que le choca verse vulnerable ante les demás, a menos que confíe al cien por ciento en ti. De seguro le ubicas. Si de plano ya caíste ante sus encantos mercurianos, te aviso que les encantan los detalles. Algo de la película que más le gusta o una garnacha de su puesto favorito y listo. Pon atención y vas a ver cómo poco a poco abrirá su corazón de pollo, porque eso sí, son rebuenos para demostrar el cariño de mil formas.

El pasado les respira en la nuca

Algo que comparten con su hermanite Géminis es que tienen muy buena memoria. El pex es que se acuerdan siempre de lo malo y no de lo bueno. Es supercomún que Virgo se acuerde de ese día en el kínder cuando se hizo pipí y todo mundo se rio de elle. Si llegas a enfrentarte a une Virgo que sigue pensando en sus errores del pasado, hazle saber que nuestros errores no nos definen como persona. Invítale a que viva el presente. Ponle como ejemplo a la reinota Beyoncé (con su sol en Virgo), que perdonó la infidelidad de Jay-Z y nadie la juzga. Nadie piensa que es una mensa por perdonarle semejante falta a la relación. Sigue siendo la reina de siempre.

Sobreanálisis: ¿amigo o enemigo?

Sorry to tell you, pero este signo es el más analítico de todos. Nada se compara con la capacidad que tiene Virgo para ver cada una de las caras de una situación. Tienen tan buena memoria y tan fácil acceso a ella, que hace que cualquier experiencia nueva sea fácil de sobrellevar, dando siempre resultados increíbles. Por eso mismo, parece que tiene superintuición de bruja, pero es una intuición diferente a la de Cáncer o Piscis. Es una intuición basada en el método científico que vive en su cerebro. Analizan tan bien las cosas que ya sabe qué es lo que va a pasar sin equivocarse. El pedo llega cuando esa capacidad de análisis se junta con miedo, y entonces les hace colapsar.

Cuando veas a tu amigue, pareja o padre Virgo a punto del colapso por pensar de más, haz que se relaje viendo algo que le provoque risa, den un paseo por el parque, vayan a comprarse una miche, etc., y explícale que soltarse un poquito no está mal y que si las cosas salen mal no quiere decir que todo está perdido.

Mente de 100tífiko

Virgo nació pa' pensar y para solucionar. La neta es que este signo es excelente solucionadore de problemas. Sorry, pero sin les Virgo estaríamos perdides y solucionaríamos las cosas de maneras muy complicadas y cero ortodoxas. Virgo funciona superbién con los números. Eso sí, pueden ser superescéptiques con lo espiritual. Puedes explicárselo con cosas tangibles, cosas que pueda ver, tocar o sentir. Dile: «Entonces, cuando medites, vas a sentir esto y luego esto otro. Vas a ver este color y luego este», etcétera.

Juez de hierro

Esta sí es una de las características más feas de este signo cuando no está en equilibrio. Como está enfocade en ser perfecte, suele ser supercriticone con todo lo que le parece carente de valor. Así es, Regina George se queda pendeja al lado de une Virgo en desequilibrio. Es capaz de criticar hasta la cosa más mínima con tal de sacar su veneno. Todo lo hace porque tiene miedo a la imperfección, pero que no chingue: hay maneras sanas de enfrentar el miedo que solo criticando. Cuando pase esto, dile que se relaje un chingo y que tenga en cuenta que NADIE es perfecte. Ni elle. Un golpe de realidad que necesitan nuestres hijes de Mercurio.

Sol en Virgo
Datos clave

Elemento: Tierra   **Regente:** Mercurio   **Modalidad:** Mutable

También conocide como:
LA MÁS ANALÍTICA, LA MÁS SOLUCIONADORA DE PROBLEMAS,
LA JUEZA DE HIERRO, LA MÁS SERVICIAL.

Cualidades chidas: PROCESA MUY BIEN Y MUY RÁPIDO LA INFORMACIÓN, TIENE MÁS MEMORIA QUE UN SERVIDOR DE FACEBOOK, SE ADELANTA PORQUE ANALIZA TODO MUY BIEN, GRAN HOST.

Cualidades no tan chidas: ES EL JUEZ DE HIERRO DE TODO EL ZODIACO, SUELE SEÑALAR LO QUE ESTÁ MAL EN TU VIDA SIN QUE SE LO PIDAS, SE ESTRESA MÁS RÁPIDO QUE UN CHIHUAHUA EN PERIFÉRICO.

Dato curioso: GENERALMENTE LES VIRGO SE ENFERMAN SIEMPRE DEL ESTÓMAGO PORQUE NO SACAN SUS EMOCIONES, SE LAS GUARDAN. VIRGO TIENE UNA MEMORIA PRODIGIOSA.

Libra

«YO SOY CUALQUIER COSA QUE SEA BONITA»

(NACIDES DEL 23 DE SEPTIEMBRE AL 22 DE OCTUBRE)

LA GENTE PIENSA QUE TRAIGO ALGO EN CONTRA DE LES LIBRA, PERO LA VERDAD ES QUE NO. A VECES ME DAN TEMPORADAS DE LLEVARME PESADITO CON UN SIGNO EN PARTICULAR, Y LIBRA FUE EL PRIMERO. ¡OOPSIE! EN FIN, ESTE BEBECITE HIJE DE VENUS ES ENCANTADORE, TIENE UN OJO PARA VER LO BONITO DE LA VIDA Y SABE PERFECTAMENTE EL SIGNIFICADO DEL AMOR. A MENUDO ES MÁS DESEQUILIBRADO DE LO QUE NOS GUSTARÍA, PERO ES UNA EXCELENTE COMPAÑÍA PARA PASAR UNA TARDE MUY COOL LLENA DE RISAS Y ALCOHOL.

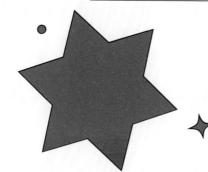

Los 6 imperdibles de Libra

Porque «toy solito, no hay nadie aquí a mi lado...»

Si Libra fuera representade por una frase de *Shrek*, sería justo la que Burro canta cuando explica que siempre ha estado solito. Libra le huye cañón a la soledad, porque para elle las relaciones mueven y le dan significado a su vida. La neta es que a veces se vuelve medio pesadón tener que estar siempre con Libra nomás pa' que no se sientan mal, porque les choca estar soles. Sorry, beibe, pero también tienes una vida y debes enfrentar a tu amigue Libra y hacer planes para ti. Dile que no pasa nada si un día no se ven. No tienen que verse a diario para ser les mejores amigues. ¿Sí o no?

¿Territorio neutral o quedabién?

Libra es superbuene para ver las dos caras de la moneda antes de emitir un juicio. El equilibrio y la paz son las cosas más importantes en su vida, por lo que es excelente mediadore de conflictos. Ama escuchar diferentes puntos de vista hasta llegar a un acuerdo que les quede bien a todes. El pedo es que une Libra desequilibrade le tiene tanto miedo a quedar mal con alguna de las partes que, con tal de no salir afectade, va a estar de acuerdo con une y con el otre sin funcionar como moderadore. Así nomás, evade y trata de tener lo mejor de dos mundos. Muy al estilo Hannah Montana. Y luego no quieren que la traiga con elles.

Hay pa' todes

Libra tiene tanto miedo de quedarse sole en cuestión de pareja que es capaz de andar saliendo con varies, nomás para tener opciones y con el tiempo escoger al mejor postor. El problema es que, en el afán de no quedarse sole, sale *con quien sea*, literal. Libra tiene la fama de tener historias de desamor tan trágicas que parecen sacadas de *La Rosa de Guadalupe*. Si tienes une amigue así, dile que no pasa nada si se queda una temporada sin pareja para que aprenda a estar con elle misme. El amor propio SIEMPRE es primero, hermane.

No ugly people allowed

Justo por la configuración que tienen, se inclinan a ver siempre el lado bonito de la vida. El problema es que une Libra desequilibrade es capaz de volverse muy superficial, a tal grado de ser le mamone que dice: «Quiero ir a un lugar donde haya gente bonite nada más». *GIRL, ARE YOU F... KIDDING ME?* Llegan a sentir que ninguna persona que elles consideren «fea» es digna siquiera de su amistad. Si conoces a une Libra así, ¡huye, hermane! Que sepa que pierde mucho por ese juicio horrendo que tiene en la mente.

Chiques de la moda y del arte

Sorry, pero la neta quien tiene más estilo y sentido de la moda y del arte es mi beibe le más *fashion*: Libra. Nacieron con un ojo entrenado para hacer de este mundo un mundo más bello y equilibrado. Por eso hay muchísimes fotógrafes, artistas y diseñadores Libra en el mundo. El mundo sin elles sería un mundo gris y monocromático como la mente de une Virgo (no es cierto, es broma).

Romantic style

La neta es que, si hay un signo romántico al cien, es este bebé. Obvio, si está regido por Venus, tenían que entender el poder del amor. Si te encantan las cenas románticas, las palabras cursis, los abrazos bajo la lluvia o los bailes lentos y llenos de besitos bonitos, Libra es para ti. Ahora, eso quiere decir que elles también quieren lo mismo de su pareja. Y PLIS: ¡que no se te vaya a olvidar el día de su aniversario!

Cuando yo quiera y como yo quiera

De seguro cuando empezaste a conocer a ese amigue o crush Libra te diste cuenta de que jalaba a todos lados sin poner peros, y después de un tiempo se volvió más «mamone». Quiero que sepas que estás bajo la presencia de une Libra que ya sabe poner límites, y se sabe prioridad. Aprende de elle y ensaya la importancia de poner el amor propio como principal objetivo en la vida.

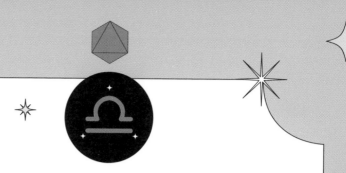

Sol en Libra
Datos clave

Elemento: Aire   **Regente:** Venus   **Modalidad:** Cardinal

✦ ✦ ✦ ✦ ✦ ✦ ✦ ✦ ✦ ✦ ✦

También conocide como:
LA MÁS COQUETA Y AMIGUERA, LA MÁS FASHION, LA MÁS AESTHETIC.

Cualidades chidas: SIEMPRE VE LAS DOS CARAS DE LA MONEDA, ES LUCHADORE INCANSABLE DE CAUSAS SOCIALES, ES CAPAZ DE CONECTAR DOS GRUPOS DE AMIGUES CON ÉXITO, BAILA CHIDO.

....

Cualidades no tan chidas: PUEDE LLEGAR A SER BASTANTE SUPERFICIAL, LE GUSTA SOLO LA GENTE BONITA FÍSICAMENTE, GASTA MUCHO DINERO EN ROPA, PUEDE SER BASTANTE DOBLE CARA, SE LE JUNTA LO LAVADO CON LO PLANCHADO MUY SEGUIDO.

....

Dato curioso: LIBRA TIENDE A DEDICARSE A TEMAS RELACIONADOS CON EL ACTIVISMO O CON LA CULTURA DE LA BELLEZA. LA CABEZA DE LIBRA SIEMPRE ESTÁ: «BUENO Y SI SÍ, ¿PERO Y SI NO?», Y ASÍ HASTA EL FINAL DE LOS TIEMPOS.

Escorpio

«YO SOY TODO MISTERIO»

(NACIDES DEL 23 DE OCTUBRE AL 21 DE NOVIEMBRE)

YA LLEGASTE AL SIGNO AL QUE TODES LE TEMEN SIN RAZÓN ALGUNA. ES COMO ESAS FOBIAS IRRACIONALES QUE NO SABES DÓNDE NI CÓMO SE ORIGINARON, PERO EXISTEN. YO LO ATRIBUYO A QUE ES PORQUE ESCORPIO ES ESTADÍSTICAMENTE EL SIGNO MÁS COMÚN, Y HAY UN CHORRO EN EL MUNDO, SEGUIDES POR GÉMINIS. LA VERDAD ES QUE ESCORPIO ES DE LOS SIGNOS MÁS CHIDOS QUE CONOZCO, POR EL SIMPLE HECHO DE QUE LES NACIDES CON SU SELLO TIENEN UNA CAPACIDAD IMPECABLE DE LEER A LA GENTE Y UN DON DE INVESTIGACIÓN DIGNO DEL FBI. HIJES DE PLUTÓN, EL PLANETA DE LA TRANSFORMACIÓN, SIEMPRE ESTÁN LLENES DE SECRETOS Y DE PASIÓN POR LO QUE HACEN.

Los 6 imperdibles de Escorpio

Ciegues por el poder

Como buenes natives de Plutón reconocen que el poder les abre puertas y les quita obstáculos del camino, así que saben muy bien cómo llegar a posiciones de poder usando su increíble intuición. Cuando detectes a une Escorpio líder al que todo le salga bien, mi recomendación es que hagas lo posible por estar en su equipo, porque de seguro les llevará al éxito. Ahora, el pex es cuando el poder les consume. Se vuelven peor que villane de telenovela, haciendo y deshaciendo todo a su paso con tal de que no haya rivales. Y cuando digo TODO, me refiero a que les vale madres pasar por encima de quien sea, con tal de lograr sus metas. Si te encuentras con une Escorpio así, ¡mejor huye!

Agentes del FBI

Todos tenemos ese amigue con talento para encontrar la información de nuestro crush en cinco minutos, y de seguro todes son Escorpio. Para estos bebés de agua, entre menos información tengas, mejor para elles. Les encanta descubrir secretos y de seguro te dicen hasta qué color de calzón se puso tu crush hoy. Ya sé, ¡qué pinche miedo! Pero si necesitas investigar algo y tienes poca info, recurre a Escorpio y no te va a quedar mal.

Nuestros queridos agentes del FBI astrológico tienen pruebas para absolutamente todo. Por ejemplo, es algo muy típico de elles que tengan a la mano los *screenshots* de todas sus conversaciones con sus rufianes. A mí se me hace algo muy raro y de gente desconfiada, pero Escorpio es muy así. Prefiere tener todas las áreas cubiertas en caso de emergencia, para salir totalmente victoriose. No intentes mentirle a Escorpio, porque no sabes qué chingados guarda bajo la manga.

OMG, so hot!

Lamento decirte que, si caíste en las redes de une Escorpio, es muy probable que cuando pruebes sus adictivos movimientos en la cama, no vas a querer soltarle. Es normal, hermane. Mis mejores acostones han sido con Escorpios y ¡uh, chique! Estos plutonianos saben lo que tienen. Mi recomendación es que disfrutes. Recuerda hacerlo siempre consensuadamente y con protección.

Les transgresores del zodiaco

Como Escorpio es hije de Plutón, sabe perfectamente que, si no se rebela, las cosas no cambian. Cualquier forma de expresión que signifique exponer lo incómodo y romper con tabúes corre por sus venas. Se me hace superlógico que pasen por mil etapas porque algo muere en elles y renace en otra forma. Siempre que conozcas a une Escorpio así, ten en cuenta que muchos de sus discursos serán muy rebeldes e incómodos. No le tienen miedo al qué dirán ni a pasar por encima de nadie para cambiar lo que está mal en el mundo. Piénsalo dos veces, únete a la rebelión o automáticamente serás enemigue.

V de «Venganza»

¡Uff! Ahora sí llegamos a la parte más *dark* de este signo. Esta característica es la más reconocible y temida cuando une Escorpio se enoja: la venganza. Escorpio es de sentimientos tan profundos que solo ve negro o blanco. Cuando la cosa se empieza a ver gris, para elle automáticamente significa MAL ABSOLUTO. El güey de *V de Venganza* se queda pendejo a su lado, bebé. En serio que es capaz de maquilar un plan elaborado y maquiavélico con tal de ver desheche a aquella persona que le traicionó. Es el peor rasgo, y es superdestructivo para elles, aun cuando logran su cometido. Lo mejor que puedes hacer es ser indiferente, demostrarles que no les temes y dejar que el karma se cobre todas.

Gusto por lo oculto

Como buene hije del planeta de la muerte y lo oculto, tiene una predisposición por investigar lo que hay del otro lado, todo lo desconocido y prohibido le llama la atención. Tengo muches amigues Escorpio que tal vez no son tan brujes como una, pero tienen curiosidad por estos temas. Si no sabes cómo empezar a acercarte a une Escorpio, puedes preguntarle si cree en fantasmas, en el tarot o en la magia. Vas a ver si no le sacas plática.

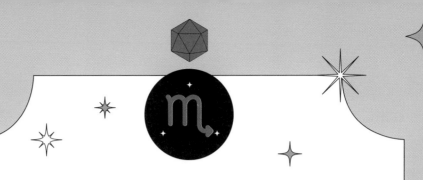

✦ Sol en Escorpio ✦
Datos clave

Elemento: Agua   **Regente:** Plutón   **Modalidad:** Fijo

También conocide como:

LA MÁS BRUJA NATURAL, LA MÁS MISTERIOSA, LA MÁS PODEROSA, LA MÁS ELEGANTE.

Cualidades chidas: *SU INTUICIÓN NUNCA FALLA, ES LE AMIGUE MÁS LEAL DE TODO EL ZODIACO, SABE LEER A LA GENTE MUY BIEN, EXPANDE SU CONOCIMIENTO CONSTANTEMENTE, Y POR ESO SE VUELVE PODEROSE.*

....

Cualidades no tan chidas: *BASTANTE VENGATIVE, BASTANTE RENCOROSE, NO SABE SOLTAR TAN FÁCIL, TODAVÍA SE ACUERDA DE LO QUE LE HIZO SU SEGUNDO EX ESA TARDE DE VERANO DEL AÑO 2017.*

....

Dato curioso: *LA MITAD DE LOS ESCORPIO CREEN QUE HAY ALGO MÁS GRANDE QUE NOSOTRES Y LA OTRA MITAD PARA NADA. ESCORPIO ES EL MEJOR SIGNO EN CUESTIONES SEXUALES, PESE A QUIEN LE PESE.*

Sagitario

«YO SOY MIS GANAS DE DEVORARME
EL MUNDO»

(NACIDES DEL 22 DE NOVIEMBRE
AL 21 DE DICIEMBRE)

YA NOMÁS NOS QUEDAN CUATRO SIGNOS, Y LA NETA A MÍ ME ENCANTAN LOS ÚLTIMOS CUATRO. OBVIO, TIENE QUE VER CON QUE EN MI FAMILIA SOMOS LOS ÚLTIMOS CUATRO SIGNOS DEL ZODIACO Y SOMOS LO MÁXIMO. PERO TAMBIÉN ME ENCANTA PORQUE SAGITARIO ES EL SIGNO DE LA EXPANSIÓN, DE LA CREATIVIDAD, CON UN TOQUE DE LO DIVINO, DEL EXPLORADORE, FILÓSOFE, LE MÁS INDEPENDIENTE DEL ZODIACO Y DE LA RISA MÁS ESCANDALOSA DE LA COLONIA. EL SIGNO MÁS DIVER, HIJE DE JÚPITER, QUE POR DONDE PASA DEJA MARCAS DE RAYO Y MAGIA.

Los 6 imperdibles de Sagitario

Como Dora la exploradora

La verdad es que no conozco un signo más viajero y aventurero que Sagitario. Lo que me encanta es que con este signo, obvio, puedes hacer una escapada cero planeada a Acapulco un fin de semana, y te prometo que va a ser elle quien ponga el carro para el viaje. Les encanta aprender del mundo exterior, y les choca estar encerrades mucho tiempo en un mismo lugar, así que bendiciones porque acabas de encontrar a le perfecte compañere de viajes sin planear.

Hije de Sócrates

Tal vez no lo creas, mi ciele, pero les Sagitario siempre buscan el conocimiento y, a menudo, hacen sus propias teorías filosóficas, que luego comparten con todo el mundo. Es la perfecta combinación: humor y mente ágil. Les Sagi nacen queriendo comerse el mundo; un libro a la vez, porque eso hace que su conocimiento se infle y encuentre más rápido el camino hacia la verdad de las cosas. Un excelente regalo para Sagi es un libro que te guste mucho a ti y que ya le hayas mencionado antes, o que haya salido en alguna conversación. Si le regalas un libro que no le interese, no lo va a leer, mejor que sea sobre un tema que sepas que le fascina.

Sin pelos en la lengua

La verdad es que, junto con Capri, es de los signos más honestos del zodia-co. Sorry si esperabas a alguien a quien le cueste trabajo decirte las cosas como son. Ni voltees a ver a Sagi, porque ya tiene mil y una respuestas en la lengua, a punto de salir a la luz para tu pregunta. La respuesta será directa como flecha, con un toque de humor. *Best combo ever!*

Y el Óscar a mejor actor de comedia es para... ¡Sagitario!

Neta, no puedo entender que alguien se tome a pecho el humor de Sagi. Quizá son Capri o algo así. Pero Sagi posee el sentido del humor más chi-do de todo el zodiaco. Mi mamá es Sagitario y es de las personas más di-vertidas y honestas que conozco. Hay veces que su humor es muy ácido y la gente no lo entiende, pero ella lo suaviza diciendo: «¡Es broma! Ríanse, amargados». Sagi tiene un amor por vivir la vida a la ligera, por eso su hu-mor siempre es incómodo y pocas veces se entiende a la primera. No juz-gues; intenta ver la vida como la ve elle: un viaje donde no todo debe ser tan serio y aburrido.

Maestros cósmicos

Algo que caracteriza un chorro a Sagi es la capacidad de adquirir y transfor-mar el conocimiento de manera superrápida. Más rápido que cuando Flash lee un libro. Lo más cool de todo es que la misión de Sagi es transmitir el conocimiento a los demás. Por eso les Sagi son superbuenes maestres. Tienen una habilidad nata para controlar a las masas con las palabras, despertar la curiosidad e inspirar a les alumnes de maneras increíbles. Mi mamá (sol en Sagi) es maestra de primaria y durante todos los años que dio clase era la maestra favorita de todes les niñes. Daba clases de manera magistral en cualquier grado que le pusieran. Había veces que pasaban muchos años y sus exalumnes regresaban a agradecerle el tiempo que la tuvieron de maestra y contaban que había sido una influencia muy importante en su vida y fuente de inspiración para su futuro. ¡Wow! Con eso te digo todo. Si tu maestre es Sagi, apréndele todo lo que puedas y hazle todo tipo de preguntas. Te prometo que te va a volar la mente con su visión de las cosas.

Que la suerte te acompañe

Debo decir que nacer con el Sol en Sagitario, nomás por ser hije de Júpiter, le concede un chorro de suerte en todo lo que haga. Haz memoria de las veces que tu amigue, papá, mamá o crush Sagi te ha contado que le pasan cosas cool que es poco probable que te pasen a ti. Vienen así ya de nacimiento, bendecides por papá Júpiter. Ojo, es muy probable que Sagi ya lo sepa, que es le consentide del zodiaco: nomás dile que no se confíe, porque no todos los días va a tener suerte. Recomiéndale que la use con sabiduría.

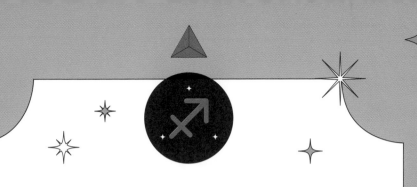

✦ Sol en Sagitario ✦
Datos clave

Elemento: Fuego   **Regente:** Júpiter   **Modalidad:** Mutable

✦ ✦ ✦ ✦ ✦ ✦ ✦ ✦ ✦ ✦ ✦ ✦ ✧

También conocide como:
*LA MÁS ESCANDALOSA, LA MÁS CONTESTONA,
LA MÁS INDEPENDIENTE, LA MÁS IRREVERENTE.*

Cualidades chidas: *ES MUY OPTIMISTA, TIENE UN MONTÓN DE ENERGÍA, LE ENCANTA PASEAR, ES MUY BUENE PARA COMUNICARSE Y HABLAR DE TODOS LOS TEMAS, AUNQUE NO LOS CONOZCA. LA NETA ES LE MÁS DIVERTIDE DEL ZODIACO.*

....

Cualidades no tan chidas: *SE METE EN SU MUNDO Y ES BIEN DIFÍCIL SACARLE DE AHÍ, PARA ELLE SIEMPRE MÁS ES MÁS. NO SE CALMA TAN FÁCILMENTE Y ES BASTANTE IGUALADE DE REPENTE.*

....

Dato curioso: *GENERALMENTE LA GENTE QUE TIENE ALGO DE SAGITARIO EN SUS BIG THREE SON MUY SUERTUDES SOLO POR SER HIJES DE JÚPITER. LA CASA DE UNE SAGITARIO ES UNA MEZCLA DE TODO LO QUE LE GUSTA Y TODO LO QUE SE IMAGINA.*

Capricornio

«YO SOY LA CEO, O ALGO
QUE SE LE PAREZCA»

(NACIDES DEL 22 DE DICIEMBRE
AL 19 DE ENERO)

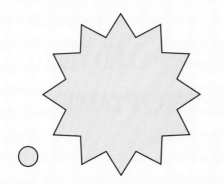

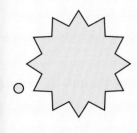

HEMOS LLEGADO AL MOMENTO DONDE NO
HAY DESCANSO SINO HASTA VER LOGRADAS
LAS METAS. ESE MOMENTO EN EL QUE EL
CUERPO ESTÁ CRASHEANDO, PERO TIENES
QUE SEGUIR HASTA EL FINAL. NO IMPORTA
A CUÁNTOS TEMBLORES POR MINUTO
SE CONVULSIONE TU PÁRPADO DERECHO,
TÚ TIENES QUE LOGRARLO. ASÍ ES, BEIBE,
LLEGAMOS A CAPRICORNIO. EL SIGNO
TRABAJADOR, PERSEVERANTE Y OTRE DE LOS
QUE SOSPECHO QUE NACIERON MITAD ROBOT,
COMO TU COMADRE VIRGO. HIJE DE SATURNO,
EL PLANETA MAESTRO, EL EXIGENTE; LA
EXPERIENCIA, PUES.

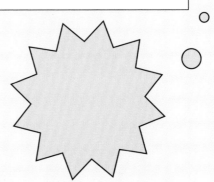

Los 6 imperdibles de Capricornio

La CEO

Creo que algo que caracteriza a todes les Capri es el deseo de escalar profesionalmente hasta llegar a lo más alto. Pueden pasar su vida entera dedicades a trabajar sin descanso, ignorando los problemas que esto les llegue a causar en ámbitos familiares o de salud. Aman el poder y el estatus que su chamba les pueda ofrecer (sin mencionar la dinerita, obvio). Capri se va a quedar en un trabajo donde sepa que con el tiempo pueda subir de nivel hasta quedarse con el puesto de le CEO. Si tienes une empleade Capri y quieres que se quede, ofrécele un puesto más alto, o de perdis dale un bono. Dinerita extra nunca le vendrá mal.

Si ya eres empleade de un Capri, has de saber que es bien exigente con todes. Ojo, se pueden volver tiranes, pero es porque son muy responsables. Para sobrevivir a un líder así, nomás respeta los *deadlines* y vas a ver que no te niegan un aumento.

Caprichornios

La verdad es que los Capri suelen ser supercaprichoses, porque quieren que todo salga como elles quieren. Obvio, todo tiene que ver con el control. Si llegas a toparte con une Capri que se encabrona cuando las cosas no salen como quiere, no le peles. En el momento en que se siente ignorade, no le quedará más que seguir con la vida. Hazle reír en el proceso para que se le quite la cara de perro enojado que puso.

✳ ✦ ✧ ◻ ✧ ✦ ✳

Resilientes *forever*

Capri tiene fama de no darse por vencide ante cualquier adversidad. La neta aguantan vara bien cabrón, y eso sí es de aplaudirse de pie. Mi abuelita materna era Capri y careció de muchas cosas mientras trataba de mantener a toda su familia. Hacía todo lo posible por darles lo mejor a pesar de los tiempos duros. Jamás les faltó comida ni techo a mis tíes ni a mi mamá, y siempre estuvieron protegides. Capri no se deja vencer ante nada. Aprende de esto, fíjate cómo Capri no ve el fin del mundo, sino una prueba más para hacerle frente a lo que sea. Observa su fortaleza y absorbe esa energía.

Puro bisne

Les Capri saben perfectamente cómo conectar y cómo se mueve el dinero. Son imparables a la hora de cerrar tratos, y se adaptan a cualquier negocio, siempre y cuando les deje dinerita. Porque muy chidos y todo, pero saben que «con dinero baila el perro», y este perro es de raza grande. Mi hermana tiene Sol en Capri, así que si ve una fuente de ingresos, aprende en chinga a hacer las cosas y ¡pum!, se pone a hacer dinero. Ella es una Capri que aprendió a moverse y a no quedarse estancada en una cosa. Si vas a hacer negocios con une Capri, ni pienses en jugarle chueco, porque al final quien terminará mal serás tú.

✳ ✦ ✧ ◻ ✧ ✦ ✳

Kinky

Capri tiene fama de ser de los signos más sucios en la cama. No estoy hablando de que sean unos puercos o que ensucien la cama de cheetos. Me refiero a que son tan reservados en la vida pública que, para compensar, son muy propositives y llenes de fetiches en la cama. Así que, si estabas buscando un signo que cumpliera tus deseos más prohibidos, seguramente Capri es para ti.

Señores desde pequeñes

Si alguien nace ya pagando impuestos y con tóper en mano, es Capri. Desde chiquite Capri tiene gustos muy refinados y a veces un poco maduros para su edad. Tiene que ver mucho con que su *daddy* es Saturno, el planeta que maneja la energía más madura. La neta es que me encanta Capri porque es le señore refinade de las Lomas a los 17 años, quien nos enseña que a veces un poco de estructura en la vida no nos cae mal.

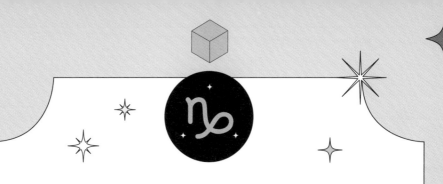

Sol en Capricornio
Datos clave

Elemento: Tierra   **Regente:** Saturno   **Modalidad:** Cardinal

✦ ✦ ✦ ✦ ✦ ✦ ✦ ✦ ✦ ✦

También conocide como:
LA MÁS PROFESIONAL, LA MÁS CONTROLADORA, LA MÁS HONESTA, LA MÁS WORKAHOLIC.

Cualidades chidas: *DA DEMASIADOS BUENOS CONSEJOS, ES MUY HONESTE, MUY PRÁCTIQUE, MUY BIEN HECHE, ES INDEPENDIENTE DESDE MUY CHIQUITE, MUY CONGRUENTE Y TE CUIDA MUY BIEN.*

....

Cualidades no tan chidas: *BASTANTE EXIGENTE, MUY FATALISTA, SUELE SER DEMASIADO REALISTA Y POR ELLO PIERDE DE VISTA LA MAGIA DE LA VIDA, SE LLEVA Y NO SE AGUANTA.*

....

Dato curioso: *LES CAPRI, POR SER REGIDES POR SATURNO, SE HACEN MÁS GUAPES CON LA EDAD, COMO LOS BUENOS VINOS. CAPRI TIENDE A TRABAJAR DESDE MUY JOVEN, PORQUE SABE QUE LA DINERITA MUEVE AL MUNDO.*

Acuario

«YO SOY DE OTRO PLANETA»

(NACIDES DEL 20 DE ENERO
AL 18 DE FEBRERO)

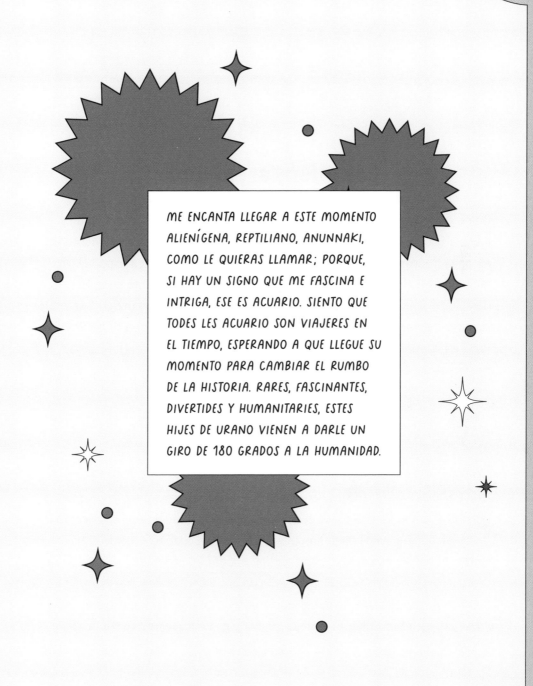

ME ENCANTA LLEGAR A ESTE MOMENTO
ALIENÍGENA, REPTILIANO, ANUNNAKI,
COMO LE QUIERAS LLAMAR; PORQUE,
SI HAY UN SIGNO QUE ME FASCINA E
INTRIGA, ESE ES ACUARIO. SIENTO QUE
TODES LES ACUARIO SON VIAJERES EN
EL TIEMPO, ESPERANDO A QUE LLEGUE SU
MOMENTO PARA CAMBIAR EL RUMBO
DE LA HISTORIA. RARES, FASCINANTES,
DIVERTIDES Y HUMANITARIES, ESTES
HIJES DE URANO VIENEN A DARLE UN
GIRO DE 180 GRADOS A LA HUMANIDAD.

Los 6 imperdibles de Acuario

Los aliens sí existen

Como te decía, parece que la mente de Acuario salió de una película de ciencia ficción de Cristopher Nolan. Complicada, avanzada, futurista y con muchas interrogantes. Lo cual hace que su pensamiento sea expansivo y sin límites. Por eso creen siempre que hay algo más allá, tanto en la Tierra como en el espacio. Comparte una tarde de películas de ciencia ficción con Acuario o compártele videos de avistamientos ovnis. Mi papá tiene Sol y Luna en Acuario y amamos reunirnos los domingos para ver programas sobre sucesos paranormales captados en cámara.

Yo digo R, tú dices BD

Otro rasgo bien común de les Acuario es que se van a los extremos en tres segundos. Se toma tres Red Bulls cósmicos y se vuelve le rebelde sin causa más peligrose que ha conocido la humanidad. Ni todo el *cast* de *Rebelde* le hace frente. El pex es que solo lo hace por incomodar a les demás y ya. Sin objetivo y solo por puro gusto, guiado por la ira que siente. Si detectas que vives con une Acuario así, hazle saber que, por más que se vaya al extremo, no va a cambiar nada. Pídele que mejor sea inteligente y que no reaccione así.

Firma mi petición en change.org, plis

Como buene luchadore por la igualdad siempre le vas a ver luchando por alguna causa importante de cualquier tipo. Puede ser por los derechos de les animales o recaudando fondos para un asilo de ancianes. Siempre valora mucho que se apoyen sus causas, porque eso habla de que estás en la misma sintonía que elles y que en verdad no eres una persona superficial.

Espíritus libres

Hay mucha gente allá afuera que dice que los Acuario son las peores parejas del zodiaco porque le huyen al compromiso. ¡No es verdad! Sorry si eres de las personas que piensan así. Te voy a dar un minuto para que rectifiques tu pensamiento y regreses (60, 59, 58, 57, 56, 55...). Listo, ahora sí. El pex es que Acuario no quiere sentir que se le va su libertad. Mis papás llevan 35 años de casados y son Acuario y Sagitario. La clave está en no ser celosos o imponerse cosas. Si lo eres, mejor despídete de Acuario.

Maestre de las utopías

Acuario es excelente para crearse mundos imaginarios que algún día le gustaría que existieran, y puede pasarse tanto tiempo en sus ideales que se va de la realidad en la que vive. Cuando siente que nadie le entiende y que la gente más cercana a ellos no encaja con su concepto de vida ideal, se vuelven mamones, a tal grado de tratar a les demás como pendejes. Suena muy fuerte, pero es de los rasgos más feos de une Acuario en desequilibrio. En el momento en el que Acuario se torne así, dile que salga de su mundo y sea más tolerante. No le digas que acabará sole, ¡porque en realidad no le da miedo! Mejor dile que, si sigue pensando así, no va a cambiar el mundo como tanto quiere.

Más allá de las formas

Te voy a contar algo. A mis 15 años, yo sabía muy bien que me gustaban los rufianes, pero en quinto año de prepa me enamoré de mi mejor amiga. No me importaba que fuera mujer, me encantaba su personalidad y lo que me hacía sentir. Ahora sé que es por mi Marte y Venus en Acuario. Vi más allá de la persona y del género, vi la mente y el corazón. Si le gustas a une Acuario, no te muestres superficial ni presumas de conocer a tal *influencer*. A elles les valen esas cosas, odian las máscaras sociales. Prefieren que seas tú misme y que dejes fluir el romance.

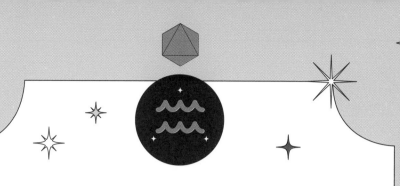

Sol en Acuario
Datos clave

Elemento: Aire   **Regente:** Urano   **Modalidad:** Fijo

También conocide como:
LA MÁS INCOMPRENDIDA, LA MÁS ALIENÍGENA, LA MÁS REBELDE, LA MÁS VISIONARIA.

Cualidades chidas: VE A TODOS POR IGUAL, LA HUMANIDAD LE IMPORTA MUCHO, VIVE SIEMPRE CON UN OJO EN EL FUTURO Y POR ESO SE ADELANTA A LAS COSAS, ES MUY INTELIGENTE.

....

Cualidades no tan chidas: PUEDE LLEGAR A SER MUY ELITISTA, ES BASTANTE EXTREMISTA, SE AÍSLA FÁCILMENTE Y NO SALE EN UN LARGO TIEMPO, NO SE SABE EXPLICAR BIEN.

....

Dato curioso: ACUARIO SIEMPRE SENTIRÁ QUE NO ENCAJA EN EL MUNDO EN EL QUE LE TOCÓ VIVIR (APLICA PARA QUIENES TENGAN SOL, LUNA O ASCENDENTE EN ESTE SIGNO). ACUARIO ES PERFECTE PARA LAS CIENCIAS O PARA LO HOLÍSTICO Y ESPIRITUAL.

Piscis

«YO SOY MI MUNDO DE FANTASÍA»

(NACIDES DEL 19 DE FEBRERO
AL 20 DE MARZO)

¿SERÁ QUE ME ECHO PURAS PORRAS NOMÁS POR SER PISCIS? NEL, MI MARTE EN ACUARIO ME DICE: «O TODOS COLUDOS, O TODOS RABONES». ASÍ QUE TANTO ME VOY A ECHAR FLORES COMO ME VOY A TIRAR TIERRA, PORQUE PISCIS ES MUY COMPASIVE Y TODO, PERO TAMBIÉN TIENE SUS COSITAS. COMO BUENE HIJE DE NEPTUNO, SOMOS SOÑADORES, ESPIRITUALES, CONECTADES CON LA ENERGÍA Y EMPÁTIQUES A MADRES. PERO TAMBIÉN PODEMOS SER DRAMÁTIQUES Y EVASIVES DE LOS PROBLEMAS COMO LA CHINGADA. ASÍ QUE, SIN MÁS PREÁMBULOS: BIENVENIDE A FANTASILANDIA, TIERRA DONDE NO EXISTEN LOS PROBLEMAS Y TODO MUNDO ANDA CON UNA COPA DE VINO ROSADO EN LA MANO.

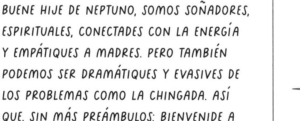

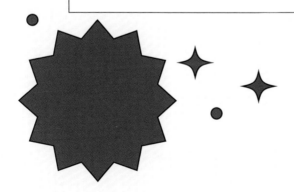

El Sol, El Rey – Sol en Piscis

Los 6 imperdibles de Piscis

Más vidente que la Mika Vidente

Con este pececite del zodiaco se completa la triada de brujes de agua. Les Piscis tenemos esa capacidad de ver más allá, algo que no está a los ojos de les demás. Por eso es supercomún que desde pequeñites veamos fantasmas, como el niño del *Sexto Sentido*. Algo que fue clave en mi experiencia es que mis papás jamás me tiraron de a loque. Siempre fueron comprensives y me decían que no me asustara. Así que si tienes une hije o une amigue que te dice que puede ver cosas, PLIS no le trates de loque.

Fantasilandia

La verdad es que la realidad les caga. Ojalá se pudiera vivir por siempre en su mundo de fantasía donde los unicornios existen y las hadas cumplen deseos. Pero no puede ser así. Es algo que a Piscis le cuesta un chingo de trabajo entender, pero tiene que hacerlo. Si conoces a une Piscis que se la vive en las nubes, que se la pasa soñando sin hacer nada en la realidad o sea demasiado fantasiose, ayúdale a aterrizar. Hazle saber que la realidad no es tan mala como elle cree, y que se necesita de su presencia en la Tierra para poder hacer de este mundo uno más chido.

Empatía siempre

Piscis tiene uno de los sentidos de la empatía más agudos. Es capaz de saber que estás triste con un simple «hola». Está tan cañone que puede incluso sentir tu dolor mientras le cuentas que te duele la cabeza; y no solo eso: te lo puede quitar en unos minutos. El pedo de ser tan sensible es que todo se lo queda y luego ya no sabe cómo sacarlo. Como yo cuando, en un viaje por carretera con mi familia, absorbí la energía de mi hermana y sus náuseas pasaron a ser mías. El problema fue que, en ese momento, ¡yo no sabía cómo quitármelas! Si tú conoces a une Piscis que absorbe energías como yo, regálale un día de spa y limpias desintoxicantes, o un retiro espiritual para que se resetee.

Mágico amor de bruje

Si estás enamorade de une Piscis, déjame decirte que no hay amor más sincero, mágico y bonito que el de estes hijes de Neptuno. Hacen que la relación esté llena de creatividad, momentos divertidos y muestras de afecto al por mayor. Además, son les más generoses del zodiaco, junto con Leo. Dan todo por su pareja y son supercomplacientes. Solo quieren ver a su pareja feliz. Si andas con une Piscis, devuélvele un poco de la generosidad que te ofrece. A Piscis le vale madres el precio de las cosas. Prefiere un TE AMO escrito al final de una carta, que un oso de peluche del tamaño del cuarto.

Demasiado sacrificio

Lamentablemente, une Piscis desequilibrade da mucho por los demás y se deja a sí misme para el final. Muches de les Piscis abandonan sus sueños con tal de cuidar a les demás, y eso se me hace supertriste. Lo peor es que pueden llegar a hundirse en la depresión si no los retoman. Si tu mamá, papá, hermane, amigue o pareja es Piscis y tiene este rasgo, hazle saber que también tiene que ponerse como prioridad, y que los demás se arreglen como puedan.

No hay pedo, lo hago mañana

Como buenes evasores de la realidad y de los problemas, cualquier cosa que parezca complicada la van a postergar para el último día, si es posible. El problema con esto es que el mero día acaban agotades mentalmente y con el estrés por los cielos, porque no lo hicieron con tiempo. Ayúdale a tu amigue Piscis a organizarse. Cómprale una agenda y oblígale a usarla. Explícale que hacer todo en tiempo y forma le ayudará a lograr sus sueños más fácilmente.

✦ Sol en Piscis ✦
Datos clave

Elemento: Agua   **Regente:** Neptuno   **Modalidad:** Mutable

✦ ✦ ✦ ✦ ✦ ✦ ✦ ✦ ✦ ✦ ✦ ✧

También conocide como:
LA MÁS SOÑADORA, LA MÁS PICAFRESA, LA MÁS ENAMORADIZA, LA MÁS SENSIBLE.

Cualidades chidas: *SU CREATIVIDAD ES ILIMITADA, ES UN ALMA MUY SABIA Y COMPASIVA, NO JUZGA, TIENE AMOR PARA DAR A TODO EL MUNDO, CONECTA MUY BIEN CON SUS EMOCIONES, ES MUY BUENE CON LA ENERGÍA Y LOS TEMAS ESPIRITUALES.*

....

Cualidades no tan chidas: *LE ENCANTA ESTAR A LA DEFENSIVA, LE ENCANTA SER VÍCTIMA Y SENTIR QUE NADIE LE PELA, DICE UNA COSA Y HACE OTRA, MUY POCO COMPROMETIDE CON LAS COSAS QUE NO LE GUSTAN, ESCAPISTA AL MIL.*

....

Dato curioso: *LOS ASCENDENTES EN PISCIS TIENEN OJOS GRANDES Y BONITOS. PISCIS PUEDE VER LO QUE NADIE VE Y ESO HACE QUE SU INTUICIÓN SEA INFALIBLE.*

Match solar

Usa el elemento de tu signo solar y luego el de la otra persona
para saber qué energía forman, por ejemplo:

FUEGO   **+**   JUSTICIERE
_____   _____

SAGI   LIBRA

Signo	Elemento	Característica
♈	FUEGO	CREATIVE
♉	TIERRA	PROTECTORE
♊	AIRE	PENSADORE
♋	AGUA	INTUITIVE
♌	FUEGO	CREADORE
♍	TIERRA	CURATIVE
♎	AIRE	JUSTICIERE
♏	AGUA	TRANSFORMADORE
♐	FUEGO	INSPIRADORE
♑	TIERRA	EXPERIMENTADE
♒	AIRE	VISIONARIE
♓	AGUA	MÍSTIQUE

¿Cuál es tu *Match* solar?

_____ **+** _____

¿Quién jala y no se raja?

¿De qué tienes ganas hoy?

DE ALGO TRANQUI

DE ALGO COOL

DE ALGO AFUERA

¿TE GUSTAN LOS MUSEOS?

SÍ

AHORITA NEL

ARTE

Estos signos jalan

♈ ♎
♌ ♓

¿QUÉ TAL UN PÍCNIC?

SUPERSÍ

AY, NO...

Estos signos jalan

♋ ♉ ♈ ♐

¿UN DÍA DE MARATÓN DE PELIS, QUIZÁ?

HISTORIA

Estos signos jalan

♋ ♏
♉ ♑

YAS QUEEN

mmm...

Estos signos jalan

♉ ♋ ♍ ♏

¿DESAYUNO CON LAS AMIKAS?

¡SÍ! DELI

ABURRIDOOO

Estos signos jalan

♑ ♎ ♍ ♋

¿TOMARSE FOTOS EN SPOTS COOL PARA EL INSTA CON TUS AMIGUES?

CIENCIA

Estos signos jalan

♊ ♍
♒ ♐

JA, JA, JA. WOW, SÍ

NO, GRACIAS

Estos signos jalan

♌ ♎ ♏ ♊

¿HACER TIKTOKS TODO EL DÍA?

¡CLARA QUE SÍ!

mmm... NO

Estos signos jalan

♊ ♈ ♌ ♎

INTENTA ALGO COOL O AFUERA

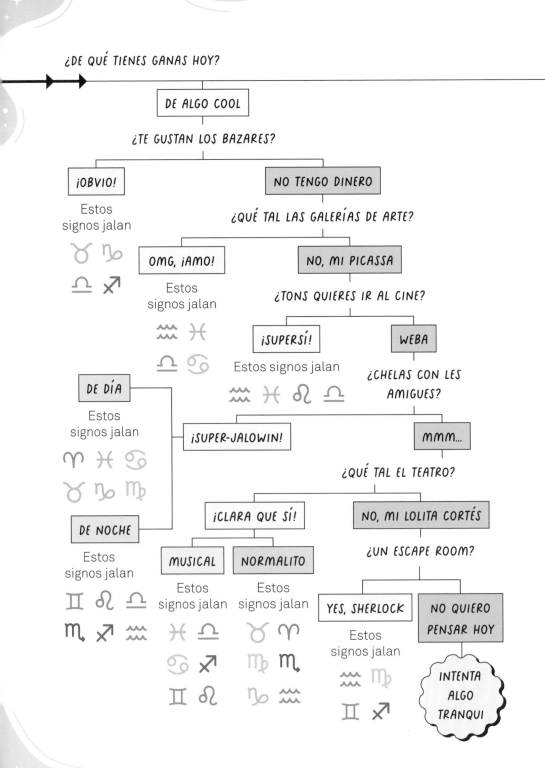

¿DE QUÉ TIENES GANAS HOY?

DE ALGO COOL

¿TE GUSTAN LOS BAZARES?

¡OBVIO!

Estos signos jalan

♉ ♑ ♎ ♐

NO TENGO DINERO

¿QUÉ TAL LAS GALERÍAS DE ARTE?

OMG, ¡AMO!

Estos signos jalan

♒ ♓ ♎ ♋

NO, MI PICASSA

¿TONS QUIERES IR AL CINE?

¡SUPERSÍ!

Estos signos jalan

♒ ♓ ♌ ♎

WEBA

¿CHELAS CON LES AMIGUES?

DE DÍA

Estos signos jalan

♈ ♓ ♋ ♉ ♑ ♍

¡SUPER-JALOWIN!

mmm...

DE NOCHE

Estos signos jalan

♊ ♌ ♎ ♏ ♐ ♒

¡CLARA QUE SÍ!

¿QUÉ TAL EL TEATRO?

NO, MI LOLITA CORTÉS

¿UN ESCAPE ROOM?

MUSICAL

Estos signos jalan

♓ ♎ ♋ ♐ ♊ ♌

NORMALITO

Estos signos jalan

♉ ♈ ♍ ♏ ♑ ♒

YES, SHERLOCK

Estos signos jalan

♒ ♍ ♊ ♐

NO QUIERO PENSAR HOY

INTENTA ALGO TRANQUI

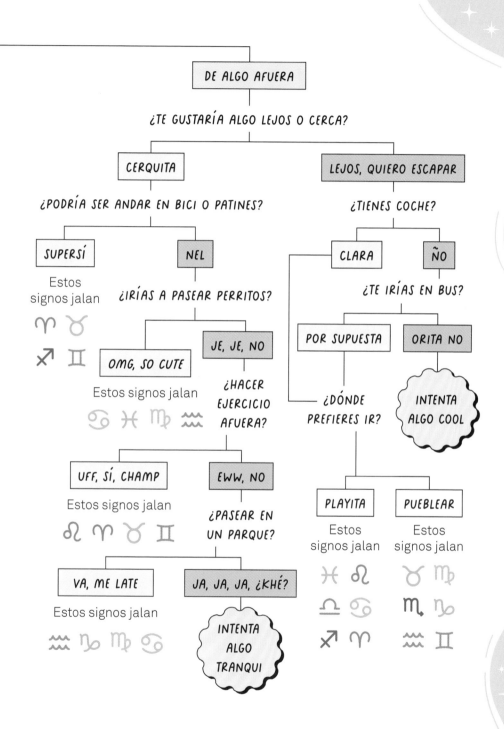

DE ALGO AFUERA

¿TE GUSTARÍA ALGO LEJOS O CERCA?

CERQUITA

LEJOS, QUIERO ESCAPAR

¿PODRÍA SER ANDAR EN BICI O PATINES?

¿TIENES COCHE?

SUPERSÍ

NEL

Estos
signos jalan

♈ ♉

♐ ♊

¿IRÍAS A PASEAR PERRITOS?

OMG, SO CUTE

JE, JE, NO

Estos signos jalan

♋ ♓ ♍ ♒

¿HACER
EJERCICIO
AFUERA?

UFF, SÍ, CHAMP

EWW, NO

Estos signos jalan

♌ ♈ ♉ ♊

¿PASEAR EN
UN PARQUE?

VA, ME LATE

JA, JA, JA, ¿KHÉ?

Estos signos jalan

♒ ♑ ♍ ♋

INTENTA
ALGO
TRANQUI

CLARA

ÑO

¿TE IRÍAS EN BUS?

POR SUPUESTA

ORITA NO

¿DÓNDE
PREFIERES IR?

INTENTA
ALGO COOL

PLAYITA

PUEBLEAR

Estos
signos jalan

Estos
signos jalan

♓ ♌

♎ ♋

♐ ♈

♉ ♍

♏ ♑

♒ ♊

EL ASCENDENTE, LA MÁSCARA

 ## La personalidad, la forma en que sobrevivimos y nos presentamos al mundo

MI CIELE, ¿TE HA PASADO QUE LEES EL HORÓSCOPO DE LA MIKA VIDENTE Y TE IDENTIFICAS MÁS CON OTRO SIGNO QUE CON TU SOL? PUEDE QUE ESTÉS IDENTIFICÁNDOTE CON... ¡TU ASCENDENTE! LO SÉ, HERMANE, TE ACABA DE EXPLOTAR LA TACHA ASTRAL. DÉJAME TE EXPLICO BREVEMENTE QUÉ PEDO CON EL ASCENDENTE Y CON QUÉ SE COME ESA COSA.

Para saber cuál es tu ascendente es indispensable conocer tu hora y lugar de nacimiento, así nos daremos cuenta de qué signo se alineaba en el horizonte cuando saliste a conocer el mundo. No es lo mismo nacer el 3 de enero en la Ciudad de México a las 10:00 a. m., que en Japón a la misma hora. Por simple localización geográfica, cambiaría el ascendente.

Como hay 24 horas en el día y son 12 signos del zodiaco, a cada signo le corresponden dos horas de ascendente. De 00:00 a 2:00 a. m., es un signo; de 2:00 a 4:00 a. m., otro, y así hasta acabar el día. Por ejemplo, yo nací a las 11:55 a. m., y soy ascendente en Géminis. Si hubiera nacido cinco minutos después, es decir, a las 12:00 p. m., mi ascendente habría sido Cáncer, el siguiente signo en la rueda después de Géminis.

«AJA, Y, ¿QUÉ CHINGADOS SIGNIFICA ESO?», PREGUNTARÁS. PUES SIGNIFICA MUUUCHO PORQUE EL ASCENDENTE ES TU PERSONALIDAD, BEIBE. REPRESENTA

LA PRIMERA MÁSCARA CON LA QUE TE MUESTRAS AL MUNDO Y DICTA CÓMO SOBREVIVES DIARIAMENTE. YO ME SIENTO GÉMINIS TODO EL TIEMPO, HASTA QUE LLEGO A CASA Y ME PONGO A HACER MIS COSAS ESPIRITUALES. ME QUITO LA MÁSCARA GEMINIANA PORQUE YA NO ES NECESARIO «SOBREVIVIR», ENTONCES ME VUELVEN MI SOL PECESILLE Y MI LUNA EN VIRGO.

Tips de bruje
✦ sobre el ascendente ✦

1. **Cuando leas horóscopos lee primero el de tu ascendente y luego lee el de tu signo solar y tu Luna.** Te va a hacer mucho más sentido si lo haces en ese orden porque es la manera en la que vivimos el mundo. Usamos nuestra máscara para sobrevivir en el mundo exterior, luego nuestro intelecto y al final dejamos ver las emociones. Velo de esa manera y te prometo que tendrás una experiencia más chingona. Te amo, beibe.

2. **¿Sientes que te hace falta más *punch* en tu vida? ¿Como si hiciera falta nomás un cachito para estar al cien? Te recomiendo irte a tu ascendente al *full*.** Quizá ese pedacito que te falta lo tiene escondido tu ascendente y tú ni en cuenta, nomás viendo pa'l techo. Llega a casa y no te quites la máscara. Pasa un día entero haciendo cosas que haría tu ascendente, y vas a ver cómo las cosas cambian. Recuerda que está ligado a cualquier tipo de manera de sobrevivir. Aplícalo en tu trabajo si sientes que te hace falta un extra para que te den ese puesto chingón. Aplícalo con tu pareja si sientes que ya está todo aburrido. Deja que tu ascendente brille más tiempo y verás cómo todo se pone más chido.

3. **Como último tip te puedo decir que nuestro ascendente siempre va a salir a relucir en todos lados.** En el trabajo, en las relaciones amorosas, incluso en el sexo. Así que, para poder llevarte mejor con alguien, ponle atención a su ascendente y luego al planeta de tu interés; así tendrás todavía más info y te podrás llevar más chido con esa persona.

Pinta tu propia ✦ ✦ máscara ✦ ✦

HERMOSE, COMO TE DIJE HACE POCO, YO SOY SOL EN PISCIS Y CREO QUE LAS COSAS SIEMPRE HAY QUE EXPLORARLAS Y SENTIRLAS. ASÍ QUE EN ESTA PARTE NO TE VOY A CONTAR CÓMO LUCIRÍA TU ASCENDENTE, LO VAS A HACER TÚ Y ME LO VAS A ENSEÑAR.

Aquí abajo tienes una máscara muy sencilla que representa tu ascendente, nomás que no tiene colores. Haz un acto de introspección, reflexión y meditación, y colorea esta máscara como tú creas que los demás te perciben. Usa todos los colores que quieras, materiales, *stickers*, etc. Dale rienda suelta a esa imaginación tan bonita que tienes y enséñame tu ascendente.

COMPÁRTELO EN REDES Y ETIQUÉTAME, PORQUE TE QUIERO CONOCER.

El ascendente, La Máscara

Como en The Walking Dead

Vamos a ver qué onda con el ascendente de una manera que podría conectar contigo. Ojalá te gusten los zombis porque de eso va la cosa, y de seguro te lo imaginaste nomás con leer el título, perdona a mi ascendente en Géminis que te spoileó.

El ascendente siempre termina colándose un poco en toda nuestra carta. Por ejemplo, aunque tengas Luna en Cáncer y seas muy sensible, si tu ascendente es Capri, tu manera de sobrevivir a una ruptura amorosa podría ser llorar aislade de todos y siendo productive.

Luna en Cáncer = Llorar + Ascendente Capri = Aislarse siendo productive

Está cabrón, ¿no? Contrario a lo que pasa con otros aspectos de la carta natal, identificar el ascendente de las personas es superfácil. Si sabes cómo se comportan en el día a día, cuál es su MOOD más común, ya la armaste. Pero primero quiero que eches a volar tu imaginación. Imagínate que estás en tu casa viendo tu episodio fav de La Rosa de Guadalupe, cuando escuchas una alarma a lo lejos. El día llegó: el apocalipsis zombi ha comenzado. Tu niñe *scout* se activa, buscas en tus memorias todos los capítulos que viste de Supervivencia al desnudo y tomas acción. ¿Qué haces primero? ¿Corres? ¿Gritas? ¿Llamas a tu familia?

Veamos cómo lo resuelven los ascendentes para que entiendas más de qué lado masca la iguana. Ojo: ningún ascendente es mejor que el otro, todos tienen su forma espectacular de sobrevivir.

TU RETO SERÁ FORMAR UN EQUIPO EN EL QUE TE SIENTAS SEGURE EN EL APOCALIPSIS. PIÉNSALO BIEN PORQUE SOLO PUEDES ESCOGER TRES PARA AL FINAL SER UN TEAM DE CUATRO, NI UNE MÁS NI UNE MENOS.

Ascendente en Aries

Habilidades para sobrevivir: SE ATREVE A LO QUE SEA SIN MIEDO A LAS CONSECUENCIAS. PUEDE CORRER LARGAS DISTANCIAS SIN CANSARSE.

Energía: EQUIVALENTE A CUANDO TE TOMAS DOS BEBIDAS ENERGÉTICAS CON TODO Y TAQUICARDIA.

Necesita: CAMINAR SIEMPRE DELANTE DE SU MANADA, PORQUE NO TOLERA A LES QUE VAN MUY LENTO. GENTE VALIENTE A SU LADO, NO TIENE MIEDO A DEJAR ATRÁS A QUIEN NO SEA ATREVIDE.

Debilidad: NO LE GUSTA TRABAJAR EN EQUIPO. SIENTE QUE SU IDEA ES LA MEJOR IDEA Y NO ACEPTA OTRAS TAN FÁCILMENTE.

Su magia: LA CREATIVIDAD Y LA INVENTIVA QUE TIENEN ES IGUAL A LA DE LEONARDO DA VINCI.

Ascendente en Tauro

Habilidades para sobrevivir: RESISTE LOS GOLPES DE LA VIDA. AGUANTA LAS INCLEMENCIAS DEL CLIMA Y PUEDE COMER DE TOOOODO.

Energía: EQUIVALENTE A UN REACTOR NUCLEAR, PERO SI TIENE HAMBRE SE CANCELA TODO.

Necesita: DORMIR SUS OCHO HORAS, QUE NADIE LE CONTRADIGA Y QUE NO TOQUEN SUS COSAS O ENFURECE.

Debilidad: ES TERRITORIAL Y NO INTEGRA A NADIE QUE CONSIDERE UNA AMENAZA. NO SABE TOMAR CONSEJOS, HACE LO QUE QUIERE.

Su magia: ESTAR CERCA DE ELLE HACE QUE TE SIENTAS PROTEGIDE POR LA MISMÍSIMA VENUS, TE SIENTES CÓMODE Y COMO EN CASA.

Ascendente en Géminis

Habilidades para sobrevivir: SABE HACER RELACIONES FÁCILMENTE, HABLA MUCHOS IDIOMAS Y SE ADAPTA CON FACILIDAD. APRENDE TODO EN CHINGA.

Energía: EQUIVALENTE A LA DE UNE NIÑE QUE COMIÓ AZÚCAR ANTES DE DORMIR Y PUEDE JUGAR VIDEOJUEGOS TODA LA MADRUGADA.

Necesita: ENCONTRARSE TAREAS INTERESANTES PORQUE SI NO SE ABURRE RÁPIDO. DESAFÍOS NUEVOS CADA DÍA PORQUE ODIA LA RUTINA.

Debilidad: DICE UNA COSA Y HACE OTRA. DEJA LAS COSAS A LA MITAD.

Su magia: PIENSA Y RESUELVE MEJOR QUE NADIE. ENCUENTRA LA GRIETA Y LA LLENA CON LA MEJOR SOLUCIÓN POSIBLE, ¡Y LO HACE EN TIEMPO RÉCORD!

Ascendente en Cáncer

Habilidades para sobrevivir: ES MUY BUENE CUIDANDO A LES DEMÁS. LE MEJOR ENFERMERE DEL ZODIACO. COCINA MUY RICO.

Energía: EQUIVALENTE A COMERTE UN PAN DULCE PARA EL DESAYUO; EN UNA HORA YA TIENES HAMBRE OTRA VEZ.

Necesita: QUE NADIE LE PRESIONE Y QUE LE HABLEN BIEN Y SIN JETAS PORQUE SE OFENDE FÁCIL. CLARIDAD. UNE LÍDER FIEL Y COMPRENSIVE QUE LE GUÍE SIN DUDAR DE SU CAPACIDAD.

Debilidad: NO ACEPTA BIEN LAS CRÍTICAS. SE CANSA EN CHINGA.

Su magia: UNIR Y DAR ESPERANZA A LAS ALMAS EN DESGRACIA CON COMPRENSIÓN Y BUENOS CONSEJOS DESDE EL FONDO DE SU CORA. MANTIENE UNIDES SIEMPRE A QUIENES CONSIDERA FAMILIA.

Ascendente en Leo

Habilidades para sobrevivir: APOYA INCONDICIONALMENTE A TODES. SACA LO MEJOR DE LAS PERSONAS CON LAS PALABRAS CORRECTAS. ES BIEN VALIENTE.

Energía: EQUIVALENTE A LO QUE DURA LA LUZ DEL SOL EN LA TIERRA, 12 HORAS NOMÁS.

Necesita: LEALTAD HASTA EL FINAL. UN PLAN PORQUE NO SABE ORGANIZAR ESTRATEGIAS. UN LUGAR PARA DESCANSAR DE VEZ EN CUANDO.

Debilidad: NO SE DEJA MANGONEAR. SE ROBA EL CRÉDITO DE LES DEMÁS PARA COLGARSE MEDALLAS.

Su magia: BRINDAR CONFIANZA A QUIENES HAN PERDIDO LA ESPERANZA. DAR LA CARA POR LES MÁS NECESITADES.

Ascendente en Virgo

Habilidades para sobrevivir: USA SU INTELIGENCIA PARA EL BIEN COMÚN. MEMORIZA CHINGOS DE INFORMACIÓN. SOLUCIONA MUCHO CON POCO.

Energía: EQUIVALENTE A TRES CARAJILLOS Y TAQUICARDIA, PERO LA GUARDA PARA CUANDO SEA INDISPENSABLE USARLA.

Necesita: QUE NO LE MOLESTEN PARA HACER SU CHAMBA, POR FAVOR.

Debilidad: PASA HORAS REPASANDO LO QUE LE SALIÓ MAL HASTA CONSUMIRLE POR DENTRO. SUELE SER DEMASIADO FRÍE EN SUS SOLUCIONES.

Su magia: HACERSE CARGO DE LAS COSAS MÁS DIFÍCILES DE SOBRELLEVAR. CURA CUALQUIER MAL CON TAN SOLO UNAS PALABRAS.

Ascendente en Libra

Habilidades para sobrevivir: HACER BUENAS RELACIONES CON LA GENTE QUE CONVIENE. ES MUY BUENE MEDIADORE EN LOS CONFLICTOS. PIDE PERMISO ANTES DE TOMAR EL MANDO.

Energía: EQUIVALENTE A CUANDO PONEN TU CANCIÓN FAVORITA EN LA PEDA Y TE PARAS A BAILAR, AUNQUE TE ESTÉS CAYENDO DE CANSANCIO.

Necesita: MUCHA COMUNICACIÓN PORQUE LE PREOCUPA NO ENTERARSE DE NADA. TENER SIEMPRE A SU GRUPITO JUNTO. QUE NO SE LE PRESIONE.

Debilidad: SE AGÜITA BIEN RÁPIDO. COOPERA, PERO A SU MODO. LE HUYE CAÑÓN A LA CONFRONTACIÓN.

Su magia: MANTENER AL GRUPO JUNTO PASE LO QUE PASE. A SU LADO, LAS SITUACIONES DIFÍCILES SON MÁS LIGERAS.

Ascendente en Escorpio

Habilidades para sobrevivir: SABE LEER A LA GENTE Y LES DA ROLES DE INMEDIATO. SU INTUICIÓN ES IRREAL.

Energía: EQUIVALENTE AL *RUSH* DE LEER TUS APUNTES 30 MIN ANTES DEL EXAMEN. NOMÁS LA USA PA' LO IMPORTANTE.

Necesita: VOTOS DE CONFIANZA DIFÍCILES DE ROMPER PORQUE LE CUESTA CONFIAR EN LES DEMÁS. QUE NO SE TOMEN DECISIONES ABRUPTAS.

Debilidad: DESCONFÍA HASTA DE SU PROPIA SOMBRA. LUCHA POR SUS PROPIOS INTERESES Y NO POR EL INTERÉS COMÚN.

Su magia: AYUDA A QUE OTROS SUPEREN SUS MIEDOS. SI LE ERES FIEL, TE SERÁ LEAL *FOREVER*.

Ascendente en Sagitario

Habilidades para sobrevivir: TIENE EL DON DE AGARRAR EL PEDO BIEN RÁPIDO Y HACER LO QUE SEA QUE LE DIGAS. MUY ENTRONE A TODO. PEGA DURO.

Energía: EQUIVALENTE A UNA TORMENTA ELÉCTRICA A LA MITAD DE LA NOCHE.

Necesita: QUE SE LE PERMITA OPINAR CADA VEZ QUE PUEDA. AVENTURAS NUEVAS PARA NO ABURRIRSE. MUCHO ESPACIO PORQUE SE EXTIENDE COMO VERDOLAGA.

Debilidad: NO LE GUSTA QUE LE DIGAN QUÉ HACER. MUCHAS VECES SACA CONCLUSIONES QUE NI AL CASO.

Su magia: CONTAGIAR A TODES CON LA ENERGÍA DE LA REBELDÍA. SIEMPRE BRINDA UN CHORRO DE OPTIMISMO SEA CUAL SEA LA SITUACIÓN.

Ascendente en Capricornio

Habilidades para sobrevivir: ES MUY FRÍE Y CALCULADORE, ASÍ QUE ES PERFECTE PARA TOMAR DECISIONES FUERTES. RESISTE HASTA EL FINAL.

Energía: EQUIVALENTE A LA EMOCIÓN QUE SIENTES CUANDO TE DEPOSITAN LA QUINCENA Y TE SIENTES DUEÑE DE LA UNIVERSA.

Necesita: QUE NO SE LE PRESIONE PORQUE TE DIRÁ LUEGO LUEGO QUE NO. UN AMBIENTE DE RESPETO MUTUO SIEMPRE. TENER SIEMPRE EL CONTROL DE LA SITUACIÓN.

Debilidad: ES MUY FATALISTA SI LAS COSAS NO SALEN COMO LO PLANEA. LA NETA NO ES TAN ACCESIBLE Y HAY QUE INSISTIRLE MUCHO PARA QUE CEDA.

Su magia: BRINDAR FORTALEZA CUANDO LAS COSAS SE PONEN FUERTES. ES REALISTA TODO EL TIEMPO Y ESO LE VUELVE LE MEJOR CONSEJERE.

Ascendente en Acuario

Habilidades para sobrevivir: *PIENSA FUERA DE LA CAJA. VE TODO EL PANORAMA Y NO SE LE ESCAPA NADA. TRATA A TODES COMO IGUALES.*

Energía: *EQUIVALENTE A LA DE UN ÁGUILA QUE SALE A CAZAR PARA DARLE DE COMER A SUS AGUILUCHOS.*

Necesita: *UN EQUIPO DISPUESTO A ESCUCHAR SOLUCIONES MUY BIZARRAS. UN LUGAR PARA AISLARSE CUANDO ESTÉ ABRUMADE.*

Debilidad: *NO SABE ECHARSE PORRAS SOLITE. SI NO PIENSAS COMO ELLE, PUEDE SER MUY ELITISTA.*

Su magia: *PROPONE SOLUCIONES INNOVADORAS. PIENSA EN EL BIEN COMÚN Y NO DEJA A NADIE ATRÁS POR NINGÚN MOTIVO.*

Ascendente en Piscis

Habilidades para sobrevivir: *TIENE MUCHA COMPASIÓN Y AMOR POR LES DEMÁS. NO JUZGA PARA NADA. SIEMPRE ESTÁ DISPUESTE A AYUDAR.*

Energía: *EQUIVALENTE A LO QUE DURA UNA LÁMPARA DEL MINISO CON PILAS NUEVAS SI SE TE OLVIDA APAGARLA, O SEA, REPOQUITA.*

Necesita: *UN MOMENTO A SOLAS CONSIGO MISME PORQUE ABSORBE MUCHO DE TODES Y PUEDE ABRUMARSE RÁPIDO. QUE SE LE HABLE BONITO PORQUE ES COMO UN PELUCHITO Y SE TOMA TODO PERSONAL.*

Debilidad: *SUELE ESTAR SIEMPRE A LA DEFENSIVA. NO SABE PONER LÍMITES SANOS.*

Su magia: *ES CAPAZ DE SACRIFICARSE POR EL BIEN COMÚN SIN QUEJARSE DESPUÉS. VA SIEMPRE UN PASO ADELANTE.*

LISTO, MI BEIBE. ¿CÓMO TE QUEDASTE? ES MOMENTO DE QUE FORMES A TU EQUIPO Y LES DES CARGOS Y TAREAS. TÚ ERES LE LÍDER EN ESTE MOMENTO, Y DEBES DECIDIR QUÉ ASCENDENTE TOMARÁ LOS SIGUIENTES PUESTOS. RECUERDA QUE TODOS LOS ASCENDENTES PUEDEN SER GRANDES LÍDERES CON EL EQUIPO ADECUADO, ASÍ QUE PONLE CABEZA A ESTO Y MUÉSTRAME TU TEAM.

Líder (LA CABEZA): _____

(PON AQUÍ TU ASCENDENTE)

La mente (ENCARGADA DE LA ESTRATEGIA): _____

La fuerza (ENCARGADA DE LOS GOLPES): _____

El corazón (ENCARGADO DE QUE NADIE SE VUELVA LOQUE):

_____

Ahí lo tienes, beibe. Acabas de aceptar que puedes ser buene líder sea cual sea la situación, y formaste un equipo según tus necesidades. Aplica esto que acabas de realizar en tu vida diaria. Fíjate en los elementos a los que pertenecen los ascendentes que escogiste para tu *crew* y, de ahora en adelante, sácalos en tu día a día. Por ejemplo, si escogiste más ascendentes del elemento aire, quizá lo que necesitas en tu vida para sobrevivir es pensar diferente. Si escogiste más ascendentes del elemento agua, quizá lo que necesitas es estar más en contacto con tus emociones o con tu intuición. Así funciona este rollo, mi ciele, nuestro ser interior y los astros siempre nos dan la clave del equilibrio para ser la mejor versión de nosotres.

El ascendente, La Máscara

LA LUNA, LA MADRE

El mundo emocional, la forma en que amamos y necesitamos que nos amen

BEIBE, QUIZÁS HAYAS ESCUCHADO A ALGUNE AMIGUE HABLAR DE ASTROLOGÍA Y ESTAR MÁS INTERESADE EN TU SIGNO LUNAR QUE EN TU SIGNO SOLAR. LO ANTERIOR ES PORQUE NUESTRO SIGNO LUNAR NOS HABLA DEL TIPO DE RELACIONES EMOCIONALES QUE NECESITAMOS PARA SOBREVIVIR. ADEMÁS, NO MAMES, SI LA LUNA ES CAPAZ DE MOVER LAS MAREAS DE LOS OCÉANOS EN LA TIERRA, ¿QUÉ NO MOVERÁ DENTRO DE NOSOTROS, LOS HUMANOS, QUE SOMOS 60% AGUA Y 40% DRAMA?

Es supercomún escuchar que algune amigue se peleó con su rufiane justo en Luna Llena, o que alguien más se la pasó llorando todo el día y que casualmente la Luna estaba en su fase más plena. Pues sí, mi ciele, la Gran Madre andaba haciendo de las suyas. Ahora, no te me vayas a confundir con Venus, hermane, este nos habla del QUERER, mientras que la Luna nos habla del NECESITAR. ¿Se entiende? Por ejemplo, yo tengo Venus en Acuario y me siento atraíde hacia gente poco usual y con una mente fuera de lo común. Eso es lo que QUIERO. Pero resulta que mi Luna en Virgo, para sentirse segura y cómoda, necesita a alguien que quiera algo estable, me ayude y se deje ayudar por mí. Eso es lo que NECESITO. Y el tema es que no podemos escoger. O sí, pero no por mucho tiempo. Para que haya amor hay que tener satisfechas las dos cosas.

GRAN RECETA PARA EL AMOR

Venus + La Luna
(DESEO) + (NECESIDAD)

*YA SÉ, BEIBE. TE EXPLOTÓ LA TACHA ASTRAL CABRÓN,
LO PUEDO SENTIR Y VER DESDE AQUÍ. PERO ES ASÍ.*

La Luna representa el hemisferio izquierdo; por lo tanto, representa un chingo de cosas creativas. Nos habla de cómo fluye nuestra creatividad más chida o en qué áreas de la vida brilla más cool. También nos habla de cómo percibimos las artes. Y sí, todas las artes, desde la pintura hasta la música. Lo más cool de la Luna, a mi parecer, y tal vez porque soy bruje, es que la Luna nos habla de nuestra intuición y de cómo andan nuestras antenitas psíquicas. Sí, sí, sí, nos habla también de qué pedo con la relación con nuestras mamás, pero, chique, eso mejor lo ves en terapia.

AGÁRRATE EL CHONGO, MI CHULE HERMOSE, PORQUE EN ESTE CAPÍTULO TE VOY A HABLAR DE CÓMO DARLE SEGURIDAD EMOCIONAL A CADA LUNA, QUÉ TIPO

DE ARTE LE GUSTA A CADA UNA, CÓMO EXPLOTAR AL MÁXIMO LA CREATIVIDAD, CÓMO DESPERTAR LA INTUICIÓN, Y ALGUNOS TIPS DE BRUJE PORQUE, CHIQUE, LA LUNA ES UNA GRAN ALIADA EN LA MAGIA Y EN EL AMORS.

¡SÚBETE, MENSE! VAMOS A BRUJEAR.

Tip de bruje
✦ sobre La Luna ✦

1. **Mije, es bien fácil saber qué Luna Llena o Luna Nueva es la que sigue en el calendario.** Lo único que debes saber son dos cosas: la primera es el orden de los signos del zodiaco. Sorry, beibe, pero si quieres que te admitan en Hogwarts debes sabértelo. Acuérdate siempre de que empieza en Aries y termina en Piscis. Recuerda que van en orden, según el elemento, y se alternan. Es decir, primero fuego, luego tierra, sigue aire y al final agua.

2. **La segunda cosa que debes saber es que las Lunas SIEMPRE van con el orden de los signos.** O sea, si la última Luna Llena cayó en Aries, la siguiente Luna Llena va a caer a huevo en Tauro, porque es el orden de los signos. Si la anterior Luna Nueva cayó en Cáncer, la que sigue caerá en Leo. Una vez más, en orden. No hay pretexto para no saber en qué signo va a caer la siguiente Luna Llena. Huevone quien no sepa.

Astro check-in

Hermane, antes de empezar quiero que te relajes un chingo y hagas este ejercicio de conciencia. Piensa en qué es lo que quieres encontrar en tu pareja. Cómo quieres que sea su corazón, cómo te gustaría que te consintiera y hasta cómo te gustaría que fuera físicamente. Sintetízalo en una palabra.

¿Ya la tienes? Ahora escríbela aquí:

YO QUIERO_____

Ahora quiero que pienses en lo que necesitas para estar tranquile emocionalmente. ¿Qué es lo te da más paz en la vida? ¿Será acaso estar cerca de la familia? ¿Estar solite? Resume todo en una palabra.

¿Listo? Escríbela aquí.

YO NECESITO_____

Aquí tienes tu propia receta para el amor:

_____+_____
(LO QUE QUIERES)   (LO QUE NECESITAS)

EL «YO QUIERO» REPRESENTA AL TIPO DE VENUS QUE QUIERES EN TU VIDA. PUEDES IR A LA SECCIÓN DE VENUS DE ESTE LIBRO Y BUSCAR QUÉ VENUS EN QUÉ SIGNOS TE VENDRÍAN MEJOR. EL «YO NECESITO» REPRESENTA A LA LUNA. ASÍ QUE PASA A LA SECCIÓN DE LAS DESCRIPCIONES DE CADA LUNA EN ESTE CAPÍTULO PARA SABER CUÁL TE PUEDE OFRECER LO QUE BUSCAS.

Si encuentras a la Venus adecuada pero no a la Luna correcta, o viceversa, no pasa nada. Tú conoce y experimenta, que la vida es corta. Pero si encuentras en alguien el combo que escribiste, herrrmane, te sacaste la lotería. *¡Yaaaas, queen!*

✦ Hije de la Luna ✦

Es momento de saber qué pedo con cada una de las Lunas; porque sí, todes somos hijes de la Luna, aunque seas Leo y tu papá sea el señor Sol. Vamos a ver cada Luna de una manera más chida. El lado luminoso y el lado oscuro. Entendamos que el lado luminoso sale cuando la Luna se siente más cómoda. Es ese lado hermoso que brilla cuando se siente segura emocionalmente. El lado oscuro, obvio, es ese que no vemos pero está latente, esperando salir a la menor provocación. Ese lado maldito que sale cuando se le amenaza y no se siente para nada seguro. Para rematar, te diré lo que puedes hacer para que esa Luna recupere su seguridad o simplemente para hacer *match* bonito con tu Luna y vivir felices para siempre. ¡Ámonos pues!

La Luna, La Madre

Luna en Aries

Lado luminoso: ESTA LUNA ES SUPERBONITA Y SINCERA. ES AQUELLA QUE CUANDO SIENTE LAS COSAS TE LAS VA A DECIR DE UNA MANERA TAN CHISTOSA Y DIRECTA QUE CAERÁS EN SU ENCANTO. TIENE SENTIMIENTOS CHIDOS Y PASIONALES. TE VA A PROTEGER MUCHO Y, EN EL AFÁN DE SER LA NÚMERO UNO, VA A SACAR LO MÁS CREATIVO DE SU SER.

. . . .

Lado oscuro: CUANDO SE SIENTE AMENAZADA, ESTA LUNA SE PUEDE PONER MUY FURIOSA EN MUY POCO TIEMPO. TIENE LA CAPACIDAD DE HACER BERRINCHOTES POR ALGO MUY MÍNIMO. DICE LAS COSAS SIN FILTROS Y DE MANERA HIRIENTE. ES UNA LUNA QUE PUEDE PONERSE TAN COMPETITIVA CON LAS COSAS, QUE, SI PIERDE, HACE UN DRAMA DEL TAMAÑO DEL MUNDO.

. . . .

Su seguridad está en: LO HONESTO DE TUS PALABRAS. HABLAR DIRECTAMENTE, SIN RODEOS, ES LO MEJOR QUE PUEDES HACER. HAZLE SABER QUE TIENE TU ATENCIÓN CUANDO LA REQUIERA. AMA QUE LE HAGAS SABER QUE ES LA NÚMERO UNO Y QUE SU CREATIVIDAD ES INIGUALABLE.

Luna en Tauro

Lado luminoso: ESTA LUNA ES UNA HERMOSA PROTECTORA DE LAS COSAS Y DE LAS PERSONAS QUE AMA. EN EL MOMENTO EN QUE TE QUIERE, LO HACE CON TODAS SUS FUERZAS. ES EXCELENTE PARA RESOLVER LOS PROBLEMAS DE MANERAS RÁPIDAS Y PRÁCTICAS. ES COMPROMETIDA, Y ¡REBUENA CON LAS MANOS!

. . . .

Lado oscuro: OMG, HERMANE, ESTA LUNA SÍ PUEDE SER BIEN CELOSA CUANDO CREE QUE SE ESTÁN LLEVANDO LO SUYO. TAMBIÉN PUEDE LLEGAR A SER SOBREPROTECTORA, AL GRADO DE HARTAR A LES DEMÁS. ES BASTANTE TERCA, Y CUANDO SE INTENTA NEGOCIAR CON ELLA, PUEDE SER DE MENTE MUY CERRADA.

. . . .

Su seguridad está en: SU TRABAJO Y EN LO MATERIAL. NO ES QUE SEA SUPERFICIAL, NOMÁS LE GUSTA SENTIR QUE TIENE SEGURIDAD EN LA TIERRA. PUEDES RECORDARLE TODO LO QUE HA LOGRADO. RECORDARLE TODO LO QUE SE HA PODIDO COMPRAR CON UN CHINGO DE ESFUERZO. EN CASO DE QUERER ALGO SENTIMENTAL, VALORA MUCHO QUE CUMPLAS TODO LO QUE PROMETES. SI NO ESTÁS DISPUESTE A CUMPLIRLE, NI TE AVIENTES. LOS DETALLES COMO COMIDA RICA LE ENCANTAN.

Luna en Géminis

Lado luminoso: ESTA LUNA AMA CONECTAR CON LA GENTE Y SE SIENTE SUPERCÓMODA RODEADA DE SUS AMIGUES. ESTA LUNA, CUANDO ENCUENTRA CONEXIÓN CHIDA CON ALGUIEN, SE VUELVE LA MEJOR CONSEJERA Y CONVERSADORA. TE ABRE EL PANORAMA Y TE ENSEÑA NUEVOS MUNDOS.

Lado oscuro: ESTA LUNA, LA NETA, PUEDE SER MEDIO ESCAPISTA CUANDO SE LE PONE EN POSICIONES QUE NO QUERÍA, COMO UN COMPROMISO SENTIMENTAL QUE ELLA NO BUSCÓ. PUEDE ABURRIRSE MUY FÁCILMENTE DE LA GENTE Y DESPARECER. ASÍ ES, ES UNA MALDITA GHOSTEADORA DE LO PEOR. TAMBIÉN PUEDE LLEGAR A SER SUPER LLAMA ATENCIÓN.

Su seguridad está en: ESTAR RODEADA DE GENTE. PUEDEN SER PERSONAS NUEVAS O AMIGUES DE TODA LA VIDA. NECESITA SACAR SUS PRESIONES PLATICANDO, CHISMEANDO Y DEJÁNDOSE ACONSEJAR POR LA GENTE A SU ALREDEDOR. EN CUESTIÓN AMOROSA, VALORA A ALGUIEN QUE LE ENTRETENGA SIEMPRE. ALGUIEN QUE LE DIVIERTA Y ESTIMULE SU MENTE. ALGUIEN QUE ESTÉ DISPUESTE A FLUIR COMO ELLA FLUYE CON LA VIDA, SIN PREOCUPACIONES, Y QUE QUIERA PLATICAR DESDE LAS 7:00 A. M. SIN PARAR.

Luna en Cáncer

Lado luminoso: ESTA LUNA NOMÁS POR EXISTIR YA VIENE SUPERBENDECIDA CON LA INTUICIÓN DE LE MÁS BRUJE. LO QUE ESTÁ COOL ES QUE ES UNA LUNA EMPÁTICA QUE ENTIENDE PERFECTAMENTE LAS EMOCIONES. ES PROTECTORA Y SABE PROVEER DE LO QUE SEA QUE NECESITE LE OTRE. TIENE UN GRAN CORAZÓN QUE ESTÁ LISTO PARA AMAR A UN ALMA NOBLE QUE QUIERA AMORCITO DE VERDAD.

· ·

Lado oscuro: ASÍ COMO PUEDE ESTAR BENDECIDA CON LA GRACIA DE ARTEMISA, TAMBIÉN POSEE UN POCO DEL LADO OSCURO DE HÉCATE. PUEDE LLEGAR A SER BASTANTE MANIPULADORA CUANDO NO SIENTE SEGURIDAD EMOCIONAL. TAMBIÉN LLEGA A SER CODEPENDIENTE Y BASTANTE CELOSA.

· ·

Su seguridad está en: LAS EMOCIONES DEL OTRE Y EN SU FAMILIA. ENTENDAMOS QUE NO A HUEVO SE REFIERE A LA FAMILIA DE SANGRE. AQUELLES AMIGUES QUE LLEGA A CONSIDERAR SU SEGUNDA FAMILIA TAMBIÉN CUENTAN. UN RATITO CON ELLES ESTARÍA DE LUJO. EN CUESTIÓN DE AMOR Y FLIRTEO LLEGAR CON SEGURIDAD Y EXPRESAR TUS SENTIMIENTOS DE MANERA PLENA Y SEGURA SUPERSÍ FUNCIONA. ESTA LUNA BUSCA ESTABILIDAD, ASÍ QUE CUALQUIER COSA QUE SIGNIFIQUE LO CONTRARIO LA VUELVE LOCA.

Luna en Leo

Lado luminoso: ESTA LUNA ES BRILLANTE Y GLAMOROSA; ES EL PERFECTO EQUILIBRIO, TIENE LA GRACIA DEL ASTRO REY Y LA MAGIA DE LA GRAN MADRE. ASÍ DE FÁCIL. ES ENCANTADORA Y ADORA SER EL CENTRO DE ATENCIÓN, PERO DE BUENA MANERA. MÁS QUE NADA, PARA HACER REÍR A TODES. ES ATREVIDA, AMOROSA AL MIL, GENEROSA Y BASTANTE COOL.

. . . .

Lado oscuro: LO MALO DE TENER UN POQUITO DEL SOL ES QUE PUEDE LLEGAR A SER BASTANTE COMPETITIVA Y EGOÍSTA. SI SE SIENTE AMENAZADA POR ALGUIEN, PUEDE LLEGAR A ECHARLE TIERRA A ESA PERSONA HASTA VERLA ALEJARSE. ES BIEN MENTIROSILLA, ASÍ QUE AGUAS. PUEDE LLEGAR A SER SUPERNARCISISTA, AL GRADO DE ALEJAR A TODES FOREVER.

. . . .

Su seguridad está en: TENER LA ATENCIÓN DE TODES. Y CUANDO DIGO TODES ME REFIERO A TODO EL MUNDO, TANTO EN SU TRABAJO COMO EN LA ESCUELA, EN EL AMOR, EN LA FAMILIA, ETC. UN BONCHE DE CUMPLIDOS CHIDOS Y QUE SALGAN DE TU CORA LA VA A PONER FELIZ EN CHINGA. EN CUESTIÓN AMOROSA, ESTA LUNA PIDE FIDELIDAD POR SIEMPRE, ASÍ QUE NADA DE ANDAR HABLANDO DE TU EX O MIRANDO A ALGUIEN MÁS MIENTRAS ESTÉS CON ELLA. HAZLE SABER QUE ERES AFORTUNADE POR ANDAR CON UN PARTIDAZO, ¡Y LISTOOO!

Luna en Virgo

Lado luminoso: ESTA LUNA ES MUY BONITA, Y BASTANTE ENFOCADA EN HACER REALIDAD LOS SUEÑOS. TIENE UNA HABILIDAD MUY PERRONA PARA ATRAER ABUNDANCIA Y HACER DE TODO UN TRABAJO REDITUABLE. JAMÁS LE FALTARÁ DINERITA, PORQUE ES BIEN TRABAJADORA. TE AYUDA EN LO QUE NECESITES SIN DUDARLO. AMA LA ESTABILIDAD Y EL ORDEN EN TODO. NO EXAGERO, LITERAL EN TODO.

Lado oscuro: LO FEO DE ESTA LUNA ES QUE ES MEDIO CONTROLADORA. AL GRADO DE ENCABRONARSE SI LAS COSAS NO SALEN COMO ELLA LAS PLANEÓ. ALGO QUE TAMBIÉN ES BIEN CULERO DE ESTA LUNA ES QUE ES MEDIO PSICÓPATA. TE DA TODO PARA QUE CUANDO TE VAYAS NO TENGAS CHANCE DE RECLAMAR NADA. YA SÉ... QUÉ MIEDA. AYUDA UN CHINGO, PERO NO SE DEJA AYUDAR.

Su seguridad está en: EL ORDEN. SI LE AYUDAS A ARREGLAR EL CAOS QUE TIENE, RECUPERARÁ FUERZAS PARA SEGUIR EN EL DÍA. TAMBIÉN ENCUENTRA MUCHA PAZ EN AYUDAR A LES DEMÁS. NECESITA SENTIRSE ÚTIL O, DE LO CONTRARIO, EXPLOTA. EN EL TERRENO AMOROSO NECESITA A ALGUIEN QUE NO LE HAGA BERRINCHITOS A SU LADO. ALGUIEN QUE NO NECESITE MUCHAS MUESTRAS DE AFECTO, PORQUE NO SE LE DA MUCHO. ALGUIEN QUE TRABAJE Y QUE PUEDA APORTAR EN CASO DE QUE LA RELACIÓN CREZCA, Y SOBRE TODO ALGUIEN QUE ESTÉ DISPUESTE A DEJARSE AYUDAR.

Luna en Libra

Lado luminoso: ESTA LUNA ES HERRRMOSA Y BASTANTE ROMÁNTICA. ES UNA LUNA MUY LINDA Y QUE TE ENTIENDE EN CHINGA. ES SUPERCARIÑOSA Y ESTÁ DISPUESTA A TODO POR AMOR. ES MUY COMPROMETIDA Y BASA SU SEGURIDAD EN LAS RELACIONES, DE TODO TIPO, QUE CONSTRUYE A LO LARGO DE SU VIDA. ODIA LAS INJUSTICIAS Y AMA LAS PELIS ROMÁNTICAS.

. . . .

Lado oscuro: LA NETA ES QUE ESTA LUNA PUEDE LLEGAR A SER BASTANTE SUPERFICIAL. ES TAN HIJE DE VENUS QUE, CUANDO SE VA AL LADO OSCURO, LE IMPORTA DEMASIADO EL QUÉ DIRÁN. LE IMPORTA BÁSICAMENTE TODO SU ASPECTO, AL GRADO DE SER DEMASIADO NARCISISTA. PUEDE LLEGAR A JUNTARSE CON GENTE INFLUYENTE SOLO POR FIGURAR, AUNQUE NI LE CAIGAN TAN BIEN. SIEMPRE ENCONTRARÁ UN MOMENTO PARA FIGURAR EN LA SOCIEDAD, SÍ O SÍ.

. . . .

Su seguridad está en: LAS RELACIONES SANAS, OBVIO. PRESÉNTALE GENTE QUE EN VERDAD LE APORTE COSAS INTERESANTES A SU VIDA Y NO LE HAGA CAER EN EL HOYO NEGRO DE LA SUPERFICIALIDAD. RECUÉRDALE QUE ES VALIOSA TAL Y COMO ES, QUE NO TIENE QUE DEMOSTRARLE NADA A NADIE. EN CUESTIÓN AMOROSA, OBVIO, AMA EL ROMANTICISMO Y EL COMPROMISO. ASÍ QUE SI ERES ROMÁNTIQUE EMPEDERNIDE, YA LA HICISTE. NO LE PRESIONES, PORQUE HUYE.

Luna en Escorpio

Lado luminoso: ESTA LUNA ES MUY CHIDA, Y SUPERINTUITIVA. ES AQUELLA LUNA EN LA QUE PUEDES CONFIAR PARA QUE TE DÉ LOS MEJORES CONSEJOS Y QUE GUARDE TUS SECRETOS PARA TODA LA VIDA. ESTA LUNA ES INCREÍBLEMENTE FIEL, Y SABE CÓMO TRATAR A CADA PERSONA PARA QUE LAS COSAS SALGAN BIEN. ESO SÍ, DE REPENTE SE ENGENTA, PORQUE NO PUEDE CON TANTA ENERGÍA. MUY SENSUAL Y PODEROSA.

Lado oscuro: OMG! LA VERDAD ES QUE ESTA LUNA TE OFRECE TODO A CAMBIO DE TU LEALTAD DE POR VIDA. ASÍ QUE PIENSA DOS VECES ANTES DE MENTIRLE, PORQUE SU VENGANZA PUEDE SER MORTAL Y DURAR DÉCADAS, HERMANE. LA NETA ES QUE NO DESCANSARÁ HASTA VERTE DESTRUIDE. CREO QUE ES DE LAS LUNAS MÁS FUERTES CUANDO ENCUENTRAN SU LADO OSCURO. OJO, PORQUE ES ESPECIALISTA EN CELOS Y EN HACERSE CHAQUETAS MENTALES.

Su seguridad está en: LA LEALTAD Y EL RESPETO. ESTA LUNA ES TAN PODEROSA QUE SABE QUE ES MEJOR TENERLA DE AMIKE QUE DE ENEMIKE. ASÍ QUE SOLO HAZLE SABER QUE ERES ALGUIEN EN QUIEN PUEDE CONFIAR Y QUE JAMÁS LE VERÁ LA CARA DE ESTÚPIDE. EN CUESTIÓN AMOROSA, DÉJATE CONQUISTAR Y NO PRESIONES. SI INTENTAS SABER MÁS DE LO QUE TE ESTÁ DEJANDO VER, AUTOMÁTICAMENTE PENSARÁ QUE TRAES MALAS INTENCIONES. HABLA SIEMPRE CON LA VERDAD, PLIS.

Luna en Sagitario

Lado luminoso: ESTA LUNA ES SUPERAVENTURERA Y MUY DIVERTIDA. LA NETA ES QUE PUEDE SER MEDIO CAÓTICA, PERO AHÍ RADICA SU ENCANTO. ES UNA LUNA QUE TE VA A OFRECER MOMENTOS MEMORABLES A CAMBIO DE UN POCO DE INDEPENDENCIA. ES SUPERGENEROSA Y SIEMPRE TE VA A DAR LO MEJOR DE SÍ. APRENDE A TRAVÉS DE LA EXPERIENCIA, ASÍ QUE NO LE PONGAS REGLAS, PORQUE NO LAS VA A SEGUIR.

. . . .

Lado oscuro: ALGO QUE ESTÁ UN POQUITO CULERO DE ESTA LUNA ES QUE MUCHAS VECES LE HUYE AL COMPROMISO Y ES CAPAZ DE DEJARTE A LA MERA HORA PLANTADE EN EL ALTAR. MUY AL ESTILO DE LA *NOVIA FUGITIVA*. ESO ESTÁ FEO, PORQUE DURANTE TODA LA RELACIÓN NO DICE NADA Y SOLO ACTÚA A LA MERA HORA POR IMPULSO. PUEDE LLEGAR A SER BASTANTE DIRECTA Y SIN TACTO CUANDO DICE LAS COSAS, Y JAMÁS DISCULPARSE. MUY INOPORTUNA Y REBELDE SIN CAUSA.

. . . .

Su seguridad está en: OMG, HERMANE, ESTA LUNA SE DEJA CAUTIVAR POR LOS MOMENTOS FELICES QUE LA VIDA LE OFRECE. ASÍ QUE SALIR A PASEAR CON ELLA ES MUY BUENA IDEA PARA QUE RECUPERE SU EQUILIBRIO. ENTRE MÁS LUGARES VISITEN, MEJOR. EN EL AMORS, AMA QUE NO LE PONGAS REGLAS. NO ESTAR SUJETA A UNA RUTINA Y QUE SIEMPRE HAYA DIVERSIÓN Y DIVERSIDAD EN LOS MOMENTOS DE PAREJA. PONTE CHIDE Y NO APRIETES.

Luna en Capricornio

Lado luminoso: ESTA LUNA ES MUY ORGANIZADA Y SUPERPROTECTORA CON SUS SERES QUERIDES. LO QUE ESTÁ CHIDO DE ESTA LUNA ES QUE EN VERDAD JAMÁS TE VA A DEJAR DESPROTEGIDE. ES UNA LUNA QUE SE ENFOCA EN LO MATERIAL Y POR ESO ES BIEN EXIGENTE. LO ES PORQUE SABE QUE PUEDE Y QUE MERECE TODO LO BUENO DE ESTE MUNDO. ES ENFOCADA Y DE SANGRE FRÍA PARA TOMAR DECISIONES FUERTES.

Lado oscuro: LO MALO ES QUE PUEDE LLEGAR A ENFOCARSE TANTO EN LA SEGURIDAD MATERIAL QUE SE LE OLVIDA QUE TIENE CORAZÓN. MUY POCAS VECES ENTIENDE SUS EMOCIONES, Y POR ESO LA GENTE CREE QUE ES BIEN CULERA, CUANDO EN REALIDAD ES QUE NO LES PONE ATENCIÓN A SUS EMOCIONES Y LLEGAN A OCUPAR UN SEGUNDO PLANO. ES MUY EXIGENTE CONSIGO MISMA Y CON LES DEMÁS. MUY DIRECTA, SIN TACTO Y CORTANTE.

Su seguridad está en: SABER QUE ALGÚN DÍA VA A LOGRAR SUS METAS A COMO DÉ LUGAR. QUE CADA FRACASO QUE HA TENIDO NO SIGNIFICA QUE YA CHUPÓ FAROS. SINO QUE PUEDE APRENDER DEL OBSTÁCULO Y CRECER PARA SER MEJOR. RECUÉRDALE ESO Y HAZLE SABER QUE TAMBIÉN TIENE QUE PONERLES ATENCIÓN A SUS EMOCIONES. EN EL AMORS BUSCA A ALGUIEN QUE EN VERDAD LLEGUE A RESPETAR SUS TIEMPOS, SU ESPACIO Y SU MANERA DE EXPRESARSE. SÉ PUNTUAL, NO JUEGUES CON SU TIEMPO; SÉ CLARE, SÉ DIRECTE Y NO PRESIONES, PLIS.

Luna en Acuario

Lado luminoso: LUNA BASTANTE CONECTADA CON EL UNIVERSO Y CON LA HUMANIDAD. LA NETA ES QUE ESTA LUNA NACIÓ PARA AYUDAR EMOCIONALMENTE A LA COMUNIDAD. TIENE UN GRAN Y DIFERENTE CONCEPTO DEL AMOR, Y NO DUDARÁ EN COMPARTIRLO CON QUIEN QUIERA ESCUCHARLE. ES LIBRE Y REBELDE. ES CONSCIENTE, ESPIRITUAL Y CERO ATADA A NADIE.

. . . .

Lado oscuro: LO MALO DE ESTA LUNA ES QUE DE REPENTE PUEDE ESTAR TAN METIDA EN SU MISIÓN DE AYUDAR A LES DEMÁS QUE, CUANDO SE SIENTE ATADA A ALGUIEN, SIENTE QUE LE ESTÁS QUITANDO UN POCO DE SU MISIÓN. PUEDE LLEGAR A SER MUY FRÍA Y DESAPEGADA, AL GRADO DE NO ESTABLECER COMPROMISOS LARGOS CON NADIE, CON TAL DE NO ROMPER SUS PRINCIPIOS HUMANITARIOS.

. . . .

Su seguridad está en: QUE SE LE RECUERDE QUE LO QUE ESTÁ HACIENDO SÍ TIENE UN IMPACTO EN LA GENTE Y QUE CON EL TIEMPO PUEDE LLEGAR A CAMBIAR UNA PARTE DEL MUNDO. CONECTAR CON GENTE NUEVA SIEMPRE LE SIRVE. EN EL AMORS TIENES QUE SER CONSCIENTE DE QUE, SI NO CONECTA INTELECTUAL Y ESPIRITUALMENTE CONTIGO, NO PASARÁ NADA. OFRÉCELE ALGO NUEVO, DISTINTO A LO QUE YA CONOCE. DALE LIBERTAD Y NO LE HAGAS SENTIR ATADE A TI.

Luna en Piscis

Lado luminoso: ESTA LUNA ES MUY BRUJITA, Y SOBRE TODO MUY EMPÁTICA. ME ENCANTA PORQUE TIENE MUCHOS DONES Y AMA COMPARTIRLOS CON TODES. ES UNA LUNA QUE SIEMPRE ENTIENDE A LES DEMÁS Y LLENA A TODES CON SABIDURÍA Y AMOR. ES ENAMORADIZA, PERO ENTREGADA EN TODO ASPECTO.

• •

Lado oscuro: ESTA SÍ PODRÍA SER PRIMA DE LA LUNA EN CÁNCER, PORQUE PUEDE LLEGAR A SER MUY DEPENDIENTE EMOCIONALMENTE. LE ENCANTA HACERSE LA VÍCTIMA Y TIRARSE AL PISO PARA QUE LA LEVANTEN. ¡UY!, Y ES EXCELENTE MANIPULADORA EMOCIONAL, HERMANE. ASÍ QUE ¡AGUAS!, LITERAL.

• •

Su seguridad está en: LO QUE ESTA LUNITA NECESITA PARA SENTIRSE CHIDA ES ESTAR UN POQUITO EN SU MUNDO DE FANTASÍA Y SUEÑOS. DEJA QUE SE AÍSLE UN POCO Y PASE TIEMPO SOLITA PARA QUE SAQUE TODO LO QUE ABSORBIÓ DEL DÍA. LUEGO HAZLE SABER QUE ES VALIOSA Y QUE SE LE QUIERE. AMA LOS CARIÑITOS Y LOS DETALLES MIL. EN EL AMORS BASTA CON HACERLE SABER TUS INTENCIONES ANTES DE QUE SE HAGA HISTORIAS EN LA CABEZA QUE NI AL CASO. AMA EL CONTACTO FÍSICO Y LOS GESTOS ROMÁNTICOS MIL.

¡Por el Poder del Prisma Lunar!

Mi beibe, todes sabemos que dos cabezas piensan mejor que una. Así que traje esta hermosa dinámica para que te des cuenta del tipo de intuición y magia que llegarían a hacer tu Luna y la Luna del otre si se juntaran. ¿Qué tipo de don alcanzarían? Descúbrelo, hermane bruje.

* Nota: También funciona para amigues.

Tú		Le otre	
♈	INAGOTABLEMENTE	♈	CREATIVA
♉	HERMOSAMENTE	♉	PROTECTORA
♊	DIVERTIDAMENTE	♊	CURIOSA
♋	AMOROSAMENTE	♋	INTUITIVA
♌	BRILLANTEMENTE	♌	BONDADOSA
♍	INTELIGENTEMENTE	♍	CURATIVA
♎	ARMONIOSAMENTE	♎	ARTÍSTICA
♏	PODEROSAMENTE	♏	MÍSTICA
♐	IRREVERENTEMENTE	♐	EXPANSIVA
♑	PROFUNDAMENTE	♑	ÚTIL
♒	REBELDEMENTE	♒	VISIONARIA
♓	FANTÁSTICAMENTE	♓	ESPIRITUAL

✦ **Su magia será** ✦

_____ + _____

¿TE GUSTÓ LA COMBINACIÓN, BEIBE?

No hay arte sin Luna

¿ERES EL SIGUIENTE PICASSO O EL PRÓXIMO BAD BUNNY?

La Luna, La Madre

Eres ARRRTE, chique

Arte Luna en Aries:

AMA ESTAR EXPERIMENTANDO NUEVAS FORMAS DE ARTE, DESDE PINTURA HASTA OBRAS DE TEATRO. TODO LO NUEVO LO VIVE Y LO ABSORBE COMO UNA ESPONJA. PREFIERE COSAS MUY COLORIDAS Y CON UN CHINGO DE MOVIMIENTO. **Arte predilecto:** PINTURA E ILUSTRACIÓN.

Arte Luna en Tauro:

AMA EL ARTE QUE SE ENTIENDA. TODO LO ABSTRACTO NO LE ATRAE, PORQUE NO LE VE FORMA DE NADA. PREFIERE COSAS CONCRETAS Y DE UN TEMA ESPECÍFICO, ASÍ COMO EL ORDEN EN EL ARTE Y NO EL CAOS. **Arte predilecto:** ESCULTURA Y ARTE DECORATIVO.

Arte Luna en Géminis:

AMA EL ARTE ABSTRACTO Y QUE TENGA MUCHO COLOR. SE ENTRETIENE MUCHO OBSERVANDO CADA DETALLE DE LAS COSAS PARA ENCONTRAR HISTORIAS NUEVAS. AMA LA INNOVACIÓN EN EL ARTE Y LE ENCANTA QUE TODO SE MUEVA. **Arte predilecto:** ARTE DIGITAL, MULTIMEDIA Y CINE.

Arte Luna en Cáncer:

AMA EL ARTE QUE TENGA TEMAS RELACIONADOS CON EMOCIONES INTENSAS. QUIZÁ INTENTE COMPRENDER TODO LO CONCEPTUAL, PERO SE IDENTIFICA MÁS CON EL REALISMO. AMA EL ARTE ANTIGUO Y LO RETRO. **Arte predilecto:** FOTOGRAFÍA Y PINTURA CON TÉCNICAS CLÁSICAS.

Arte Luna en Leo:

AMA TODO EL ARTE DRAMÁTICO AL MIL. BÁSICAMENTE NACIÓ PARA CREAR Y SER PARTE DEL ARTE. NO IMPORTA QUE SEA ABSTRACTO, CONCEPTUAL O BASTANTE REALISTA. ES Y SIEMPRE SERÁ ARTISTA. **Arte predilecto:** TEATRO, CINE, PERFORMANCE, MÚSICA, DANZA.

Arte Luna en Virgo:

AMA TODO LO QUE PUEDA ENTENDER Y LO QUE LE TRAIGA CALMA. LA MÚSICA ES UN EXCELENTE CATALIZADOR DE LOS MOMENTOS MÁS FELICES Y DE MÁS TRANQUILIDAD EN SU VIDA. NADA QUE TENGA DEMASIADO COLOR O QUE LE DISTRAIGA. AMA LOS COLORES SÓLIDOS Y EL ORDEN. **Arte predilecto:** MÚSICA Y ESCULTURA.

Arte Luna en Libra:

AMA TODO TIPO DE ARTE. EN VERDAD QUE ES LA LUNA QUE SIENTE QUE TODO LO QUE LE RODEA ES ARTE. AMA LA MÚSICA, LA PINTURA, LA MODA, LA FOTOGRAFÍA Y LA VIVE 24/7. DESDE EL ARTE ABSTRACTO HASTA LO MÁS REALISTA, ESTE BEIBE ACEPTA CUALQUIER PROPUESTA, LA ESTUDIA, LA VIVE Y LA HACE PARTE DE SU VIDA. **Arte predilecto:** MODA, FOTOGRAFÍA Y ARTES PLÁSTICAS.

Arte Luna en Escorpio:

SORRY SI PIENSAS QUE ES UN CLICHÉ, BEIBE, PERO NETA QUE LAS LUNAS EN ESCORPIO TIENEN UNA PREDILECCIÓN CAÑONA Y MUY DIFÍCIL DE IGNORAR HACIA LO DARKS. ASÍ QUE DEBO DECIR QUE SÍ, ESTA LUNA AMA TODO TIPO DE ARTE QUE TENGA UN TINTE OSCURO Y LÚGUBRE. LA MUERTE ES UNO DE SUS TEMAS FAVS, ASÍ COMO TODO LO QUE HABITA EN LAS PENUMBRAS. AMA MUCHÍSIMO LA PINTURA Y LA MODA. **Arte predilecto:** MODA, PINTURA, MÚSICA, DANZA.

Arte Luna en Sagitario:

AMA TODO AQUELLO QUE SEA ECLÉCTICO. SI FUERA UNA CORRIENTE ARTÍSTICA, SERÍA BARROCO SIN PEDOS. AMA LO QUE TIENE UN CHINGO DE COSAS. LE ENCANTA TANTO EL ARTE ABSTRACTO COMO EL REALISTA, SIEMPRE Y CUANDO TENGA UN CHINGO DE COLORES Y COSAS QUE VER. AMA EL ARTE DE LAS CULTURAS ANTIGUAS. **Arte predilecto:** ARTE DIGITAL E INTERACTIVO, ESCULTURA, PINTURA Y DANZA.

Arte Luna en Capricornio:

AMA EL ARTE QUE TENGA UNA HISTORIA DETRÁS, Y SE INCLINA MÁS POR EL ARTE ANTIGUO QUE EL MODERNO. EL ARTE CONCEPTUAL NO ES LO SUYO, Y MENOS SI VE QUE LA EJECUCIÓN EN LA OBRA ES NULA. ES LA TÍPICA LUNA QUE PIENSA QUE, SI LO PUDO HABER HECHO UN NIÑO, EN REALIDAD NO ES ARTE. **Arte predilecto:** PINTURA, ARQUITECTURA Y ARTES DECORATIVOS.

Arte Luna en Acuario:

AUNQUE PARECE MUY EXTRAÑO, A ESTA LUNA LO QUE LE ATRAE ES EL ARTE QUE NO SE ENTIENDE. ESE ARTE QUE TE PONE A PENSAR Y TE INVOLUCRA COMO PARTE DE LA PROPUESTA. AMA TODO TIPO DE DISCIPLINA, SIEMPRE Y CUANDO SEA ALGO ORIGINAL, ALGO QUE NADIE SE HAYA ATREVIDO A HACER ANTES. AMA LO FUTURISTA Y LO BIZARRO. **Arte predilecto:** ARTE CONCEPTUAL, PERFORMANCES, MULTIMEDIA Y CINE.

Arte Luna en Piscis:

AMA EL ARTE QUE LE OFREZCA UNA SALIDA DE SU REALIDAD. TODO ARTE QUE OFREZCA UNA EXPERIENCIA INMERSIVA ES LA OPCIÓN AL MIL. APRECIA TODO TIPO DE ARTE, PERO SI ES DEMASIADO OSCURO QUIZÁ NO LE ENCANTE DEL TODO. TODO LO QUE LE REMITA A LA FANTASÍA Y A COSAS QUE NO SE ENCUENTREN EN LA REALIDAD ES UN SUPERACIERTO. **Arte predilecto:** PINTURA, ILUSTRACIÓN, TEATRO, CINE Y DANZA.

VENUS, LA DIOSA

 ## Lo que nos atrae, inspira nuestro estilo y nos da placer

BIENVENIDE AL CAPÍTULO DEL AMORS, BEIBE. YO SÉ QUE PIENSAS QUE AQUÍ VAS A ENCONTRAR LA MANERA DE COQUETEAR REBIÉN CON TU CRUSH PARA LOGRAR LA HISTORIA DE AMOR QUE SIEMPRE HAS QUERIDO. Y SÍ, PERO DEBES SABER QUE VENUS NO SOLO ES EL PLANETA DEL AMOR, CHIQUE. VENUS ERA LA DIOSA QUE CUIDABA A LAS PAREJAS, QUE LES DABA CHANCE DE TENER HIJES O NEL, QUE ADEMÁS SE OCUPABA DE LA BELLEZA Y DE LAS ARTES. O SEA, ESTE PLANETA NOS MARCA ASTROLÓGICAMENTE EN TEMAS DEL AMOR, DE LOS PLACERES, LA CASA, LA MANERA DE GANAR DINERITA, LA CREATIVIDAD Y LA MANERA EN QUE NOS VEMOS, OBVIO.

Si Venus fuera una persona, sería la tía que te regala dinerita para comprar de la paca cool, la que te invita las chelas siempre que haya chismecita, la que te da consejos de amors para conquistar a le rufiane y la que te regaña cuando es necesario; porque será tu tía la más cool, ¡pero mensa no es!

Venus, La Diosa del Amors

Ahora sí. Te explicaré cómo es Venus en cada signo pa' que te formes una idea del tipo de amorcito que quieras conocer. Aprenderás cómo entiende cada signo al AMORS, cómo se percibe y qué espera del otro según su Venus. He decidido nombrar a las diferentes Venus: DIOSAS, pa' que las recuerdes más fácil.

LA DIOSA DE LA PASIÓN
Venus en Aries

SI HAY ALGUIEN QUE DESBORDA PASIÓN POR TODOS LADOS, ES ALGUIEN CON VENUS EN ARIES. EN GENERAL ES UNA PERSONA SIN FILTRO PARA EXPRESAR SUS EMOCIONES Y ES SUPERIMPACIENTE. LO CHIDO ES QUE VE EL AMOR COMO ALGO NECESARIO PARA LA VIDA, Y CUANDO SE ENAMORA LO DA TODO POR LA PAREJA. ESO SÍ, DEMANDA UN CHORRO DE ATENCIÓN Y LE ENCANTA ESTAR DE AQUÍ PARA ALLÁ CON LE RUFIANE. OBVIO, LO COOL ES QUE LE PONE PASIÓN A TODO. A SU FORMA DE EXPRESARSE, A SU FORMA DE VESTIR, A SU FORMA DE AMAR, Y EN EL SEXO SON… ¡UFFFF, FUEGO ETERNO! TAL VEZ NO ES LE MÁS VANIDOSE, PERO SÍ LE MÁS COMPETITIVE. AMA ESTAR TODO EL TIEMPO ENTRETENIDE Y ES LE QUE SE AVIENTA LUEGO LUEGO A ANDAR, DESPUÉS DE LA PRIMERA CITA.

LA DIOSA DE LA BELLEZA
Venus en Tauro

SON PERSONAS BELLÍSIMAS, MÁS POR FUERA QUE POR DENTRO (JE, JE) CASI CASI LES CONSENTIDES DE VENUS. UNA PERSONA CON ESTA VENUS TIENE UN SENTIDO DE LA BELLEZA MUY PARTICULAR Y EXIGENTE. ES AMANTE DE TODOS LOS PLACERES MUNDANOS. LA BUENA COMIDA, LA BUENA MÚSICA, LAS BUENAS FIESTAS, LA BUENA ROPA Y, OBVIO, EL DINERO AL MIL; ¡TODO EN ESTA VIDA SE PUEDE COMPRAR! ES PROTECTORE Y SU CASA ES BELLA, LLENA DE BUEN GUSTO Y COSAS CARAS. A VECES PUEDE SER MEDIO CELOSE CON SU PAREJA, PERO NADA QUE NO CORRIJAS CON APAPACHOS. ES AMANTE DEL SKIN CARE Y DEL MAKE UP.

LA DIOSA DEL INTELECTO
Venus en Géminis

UNA DE LAS MÁS DIVERTIDAS E INTELIGENTES, ¡CLARA QUE SÍ! ESTA DIOSA DEL INTELECTO SE FIJA MÁS EN LA MENTE DE LA PERSONA QUE EN SUS LOOKS, PORQUE PREFIERE A ALGUIEN CON QUIEN PODER PLATICAR DE TODO Y NO SOLO UNA CARA BONITA. VENUS EN GÉMINIS ES LE ETERNE BUSCADORE DE LA DIVERSIÓN Y LE CHOCA ESTAR ESTÁTIQUE. POR LO GENERAL SE ABURRE RÁPIDO EN CASA Y SIEMPRE QUIERE ANDAR AFUERA. LA VERDAD ES QUE ESTA DIOSA SIEMPRE ESTÁ RODEADA DE UN CHINGO DE AMIGUES Y LO VALORA MUCHO, POR LO QUE SU CASA DEBE ESTAR LLENA DE LUGARES DONDE SE PUEDAN DIVERTIR. LE GUSTA ESTAR TODO EL TIEMPO EN EL CHISME Y ES AMANTE DE TRABAJOS CREATIVOS QUE TENGAN ALGO QUE OFRECER A LA MUNDA.

LA DIOSA DEL COMPROMISO
Venus en Cáncer

ESTA CONFIGURACIÓN DE VENUS ES DE LAS MÁS BONITAS, PORQUE LES PERSONES QUE LA TIENEN SON MEGACOMPROMETIDES. ESTA DIOSA NO TIENE MIEDO A DAR TODO SU CORAZÓN POR UNA PERSONA QUE LE VIBRE CHIDO. DESDE QUE TE CONOCE, SI LE GUSTAS, YA ESTÁ PENSANDO EN EL DÍA DE LA BODA Y EN LES HIJES, HASTA TE VA A QUERER PRESENTAR A SU FAMILIA EN CHINGA. ESTA VENUS TIENE SU CASA DECORADA SUPERBONITO. SABE COCINAR SUPERBIÉN, LE GUSTA TENER MOMENTOS TRANQUILOS Y COMPARTIR TODO CON LA PAREJA. MÁS QUE UNA CARA BONITA, BUSCA A ALGUIEN SIN MIEDO AL COMPROMISO Y QUE GUSTE DE HACER COSAS EN LA COMODIDAD DEL HOGAR.

LA DIOSA DEL GLAMOUR
Venus en Leo

BRILLA POR SU ENCANTO, SU GENEROSIDAD Y SU LEALTAD CUANDO ESTÁ ENAMORADE. DESTACA EN SU TRABAJO, Y SU CREATIVIDAD ES BRILLANTE COMO ELLE. ESTA VENUS ES CHIDA Y DIVERTIDA, PERO DEBERÁS DARLE UN POCO DEL CENTRO DE LA ATENCIÓN DE UNA REUNIÓN O UNA FIESTA. AMA Y ADORA LAS MUESTRAS DE AMOR EN PÚBLICO Y TENER UNA FAMILIA QUE SEA DESTACADA EN ALGO. LE GUSTA QUE LE RESPETEN Y PUEDE PECAR UN POCO DE PREOCUPARSE POR EL QUÉ DIRÁN. SI RELAJARA LA RAJA Y DEJARA DE QUERER AGRADAR A MEDIO MUNDO, ESTA VENUS LA PASARÍA MUCHO MEJOR Y LLEGARÍA MÁS LEJOS, PUES ES BASTANTE APASIONADA Y SABE LO QUE VALE.

LA DIOSA DEL SERVICIO
Venus en Virgo

AMAMOS A LA VENUS EN VIRGO PORQUE ES ESE TIPO DE PERSONA QUE AYUDA A TODES LOS QUE AMA, NO A CUALQUIER HIJE DE VECINE. POR LO GENERAL TIENE UN POCO DE BLOQUEOS EN LA PARTE AFECTIVA Y SEXUAL, POR LO QUE HAY QUE IR POCO A POCO PARA DARLE CONFIANZA Y QUE SE ABRA AL CIEN. NETA, LE CUESTA TRABAJO EXPRESARSE, ASÍ QUE HAY QUE TENERLE PACIENCIA, JE, JE. ES LA VENUS MÁS RACIONAL Y PRÁCTICA DE TODO EL ZODIACO, POR LO QUE SE LE DA SUPERBIÉN TODO LO QUE TIENE QUE VER CON EL ORDEN. CUANDO ENTRES A LA CASA DE UNE VENUS EN VIRGO, VAS A CREER QUE AHÍ VIVE LA MISMÍSIMA MARIE KONDO, PORQUE ESTARÁ IMPECABLE.

LA DIOSA DEL ROMANCE
Venus en Libra

ESTA DIOSA ES LE SEGUNDE CONSENTIDE DESPUÉS DE LA VENUS EN TAURO, PORQUE JUSTO SU MAMÁ ES LA MISMÍSIMA DIOSA DEL AMOR. Y TAL COMO SU HERMANE MAYOR, TAURO, SE ENFOCA MÁS EN LAS RELACIONES CON LOS DEMÁS QUE EN LA BELLEZA MISMA. ESTA VENUS SIEMPRE VA A ESTAR A LA MODA. SIEMPRE LLEGA TARDE A LAS FIESTAS NOMÁS POR ESCOGER EL OUTFIT MÁS COOL, Y SIEMPRE PREOCUPADE POR VERSE BONITE TODO EL TIEMPO. NO SOLO ESO, SINO QUE ES LA VENUS MÁS ROMÁNTIQUE DE TODO EL ZODIACO. AHORA SÍ QUE, SI TE GUSTAN LAS CENAS CON VELAS Y VINO EN MOOD TELENOVELA, VENUS EN LIBRA ES PARA TI. EN SU CASA SIEMPRE CADA COSA EN SU LUGAR Y LLENA DE ARTE, OBVIO.

LA DIOSA DE LA SENSUALIDAD
Venus en Escorpio

MAESTRA DE LAS ARTES, LA MAGIA, EL MISTERIO Y LO ERÓTICO. EL SEXO ES IMPORTANTE Y LO VIVE SIN TAPUJOS. SI BUSCAS UNA ENERGÍA SEXUAL CAÑONA Y DOMINANTE, VENUS EN ESCORPIO ES PARA TI. BUSCA RESPETO Y PUEDE LLEGAR A SER AUTORITARIA EN UN EQUIPO DE TRABAJO, PERO NADIE LE DICE NADA PORQUE SABEN QUE SUS OPINIONES SON VALIOSAS. POR LO GENERAL ES DE RELACIONES SUPERLARGAS Y BASA TODO TIPO DE VÍNCULO EN LA CONFIANZA; DARÁ TODO POR TI Y TE DEFENDERÁ A CAPA Y ESPADA SIN PENSARLO DOS VECES. PERO SI LE FALLAS, AGÁRRATE LA PELUCA PORQUE NO DUDARÁ NI TANTITO EN PICARTE CON SU AGUIJÓN LLENO DE VENENO MORTAL.

LA DIOSA DE LA EXPANSIÓN
Venus en Sagitario

BIEN COQUETA HASTA QUE SE ENAMORA DE VERDAD, ENTONCES ES LA PAREJA MÁS DIVERTIDA Y GENEROSA DEL ZODIACO. ES COMO CUANDO JÚPITER (ZEUS) SE ENAMORABA DE LAS MORTALES Y LES DABA TODO HASTA QUE ALGUIEN MÁS LLAMABA SU ATENCIÓN. YA VI QUE TE ASUSTASTE, PERO TRANQUI. VENUS EN SAGITARIO NO ES INFIEL, SOLO HAY ENTRETENERLE TODO EL TIEMPO PA' QUE NO SE ABURRA DE UNE. SON PAREJAS HIPNOTIZANTES CON UN SENTIDO DEL HUMOR MUY CAGADO, DISPUESTES A LA AVENTURA Y PENDIENTES A SU INDEPENDENCIA. SI QUIERES ALGUIEN QUE SEA CERO ASFIXIANTE Y QUE TE DÉ TU LIBERTAD SIN PERDER LA PASIÓN, AHÍ ESTÁ VENUS EN SAGITARIO.

LA DIOSA DE LOS DIAMANTES
Venus en Capricornio

A LES NACIDES CON ESTA DIOSA LES ENCANTA TODO AQUELLO QUE PUEDAN ADQUIRIR CON SU DINERO. SU SUDOR Y SU ESFUERZO VALEN ORO, Y POR ESO NO DUDAN EN COMPRARSE LO MÁS CARO Y FINO PARA SENTIRSE BIEN. GENERALMENTE BUSCA EL RESPETO EN SU PAREJA PORQUE NI ES LE MÁS CARIÑOSE NI DEMUESTRA EL AFECTO TAN FÁCIL; SI HAY RESPETO EN LA RELACIÓN, YA ESTÁN DEL OTRO LADO. NO ESPERES LOS MOMENTOS CURSIS CON LES VENUS EN CAPRI NI UNA BOMBA DE «TE AMOS» INESPERADOS. DEMUESTRAN AMOR A SU MANERA, Y ASÍ ESTÁ BIEN PARA ELLES. Y SI TE GUSTA, BIEN, SI NO, LA PUERTA ESTÁ MUY ABIERTA (ES ALGO QUE CLARAMENTE DIRÍAN ELLES).

LA DIOSA DE LA LIBERTAD
Venus en Acuario

LLEGAMOS A MI VENUS NATAL, BEIBE. LA NETA ES QUE ME ENCANTA VIVIR CON VENUS EN ACUARIO PORQUE ESTA DIOSA NO SE VA POR UNA PERSONA PRESUMIDA, EXITOSA, BONITA O POR LE MÁS POPULAR, SINO QUE LE ES FIEL A SUS GUSTOS RAROS Y VE MÁS ALLÁ DEL FÍSICO. SE PODRÍA DECIR QUE AMA A LAS PERSONAS REBELDES Y RARAS (SÍ SOY, LA NETA). LES VENUS EN ACUARIO SON CERO CELOSES Y SIEMPRE VAN A VER EL VÍNCULO CON LE RUFIANE DESDE UN LADO MÁS ESPIRITUAL QUE EMOCIONAL. SI ERES CELOSE, NI SE TE OCURRA TENER ALGO CON VENUS EN ACUARIO PORQUE EN EL MOMENTO EN EL QUE LE CELES VAS A SENTIR EL FRÍO ÁRTICO DE LA INDIFERENCIA.

LA DIOSA DE LA EMPATÍA

Venus en Piscis

SE LA PASA ENAMORÁNDOSE CADA DOS SEGUNDOS DE ALGUIEN DIFERENTE Y CON TODES ES IGUAL DE SENTIMENTAL Y EMOCIONAL. SIEMPRE BUSCA PROTEGER A LE MÁS DÉBIL, INCLUSO LLEGA A SACRIFICAR SU PROPIO BIENESTAR POR EL DE LA OTRA PERSONA. OBVIO, ES COMPROMETIDE CUANDO ENCUENTRA A LE RUFIANE IDEAL, Y DA TODO POR SU PAREJA. TIENE UNA MENTE MUY CREATIVA. SABE PERFECTAMENTE CÓMO SE SIENTE TODO EL MUNDO Y TIENE UNA INTUICIÓN QUE NI LA BRUJA ESCARLATA TIENE. SI TE GUSTA EL AMOR BONITO, SERVICIAL, CON MOMENTOS ROMÁNTICOS Y ESPIRITUALES, LES NACIDES CON VENUS EN PISCIS SON PARA TI, MI CIELE.

Así late el cora de Venus

Imagínate que cade une de les Venus fuera un lugar, un terreno inexplorado al que vas a acercarte con curiosidad. ¿Qué tipo de sitio sería? ¿Qué puedes esperar de él? ¿Qué deberías traer contigo si te vas allá de excursión? ¿Qué sería mejor que dejaras en casa?

ASEGÚRATE DE TENER A MANO LA CARTA NATAL DE TU CRUSH Y TENER BIEN IDENTIFICADA SU VENUS. AGÁRRATE LA PELUCA Y UNA BRÚJULA PORQUE TE VAS DE EXCURSIÓN PARA APRENDER CÓMO LLEGARLE AL CORA A CADA UNA DE LAS VENUS.

Y no solo eso: como Venus es también el planeta de los placeres y del disfrute, también te enseñaré cuál es el tipo de placer que más va con las diferentes Venus. Así sabrás cómo seducir y darle un rato chingón a esa persona especial pa' que quiera volver por más. DE NADA. ;)

CORAZÓN DE VENUS EN ARIES

¡MÁS EMOCIONANTE Y PELIGROSO QUE LA MONTAÑA RUSA!

¿A dónde vas? A la tierra de los planes inesperados, los pequeños dramas, las mordiditas en el cuerpo y las ganas de tener sexo 24/7.

¿Qué esperar? Si eres amante de las emociones fuertes y de las muestras de afecto, Venus en Aries te ofrece un mundo sin agendas y planes. Si te cagan los planes estructurados y te encanta vivir la vida al límite, ¡no busques más!

Los habitantes de Venus en Aries son medio malhablados, así que si les encuentras por la calle y te avientan un: «¡Hey, buenos días, pendeje!», en realidad están diciendo que están felices de verte.

Y por último, si lo que estás buscando es un maratón sexual sin compromisos, oh, sí, mi ciele: has llegado al lugar indicado. La gente de Venus en Aries sabe separar muy bien lo sexual del amor, así que no tienes que preocuparte por reclamos después.

REGALO DE BIENVENIDA:
UN SIX DE RED BULL.

Cómo seducir a: Venus en Aries
(CORAZÓN PASIONAL)

Ama:
LA INTENSIDAD.
LA ATENCIÓN.
LOS PLANES A LA MERA HORA.
UNA BUENA QUÍMICA SEXUAL.

Odia:
LA GENTE ABURRIDA.
LA FALTA DE CREATIVIDAD.
LOS PLANES EN CASA.
QUE LE LIMITEN.

Dale placer con:
UNOS TAKIS FUEGO CON UN CHINGO DE SALSA Y UNA MICHELADA.

Conquístale con:
RISAS Y VARIEDAD; SI NO, SE ABURRE LE CHIQUE.

CORAZÓN DE VENUS EN TAURO

¡UN LUJO QUE NO TE PUEDES PERDER!

¿A dónde vas? A la tierra de los placeres, el *skin care*, los abrazos de oso y las comidas *gourmet* como muestras de amor.

¿Qué esperar? Aquí hay un lugar para sentarse en cada esquina para cuando te canses de pasear por jardines llenos de flores. Si vienes con una plantita, puntos extras para ti. ¿Amas las caminatas largas, seguidas de una comidita llenadora con sabores top? Este es tu hogar, hermane. En Venus en Tauro prefieren verse bien que llegar a tiempo. Aman los abrazos y el contacto físico; así sea nomás de amistad, te van a querer abrazar para demostrar el cariño al mil. Como buenes hijes de Venus, los habitantes de Venus en Tauro saben lo que le otre necesita y no dudan en dárselo cuando sea, siempre y cuando prometa amarles POR SIEMPRE. Recuerda que aquí lo que se promete se cumple, chique.

*REGALO DE BIENVENIDA:
TENEDOR Y CUCHILLO.

Cómo seducir a:
Venus en Tauro
(CORAZÓN PROTECTOR)

Ama:
CUMPLIR SUS PLANES.
LA PUNTUALIDAD.
EL CONTACTO FÍSICO.
TODOS LOS PLACERES
TERRENALES EVER.

Odia:
QUE LE CONTRADIGAS.
LA FALTA DE ESTRUCTURA.
QUE TE VALGAN LAS
PROMESAS.
QUE NO PRUEBES SU COMIDA.

Dale placer con:
UNAS PAPITAS A LA FRANCESA
CON ALIOLI Y MASCARILLAS
PARA EL SKIN CARE.

Conquístale con:
ATENCIONES, MODALES Y
COMIDA RICA.

CORAZÓN DE VENUS EN GÉMINIS

¡MUCHO JI, JI, JI; JA, JA, JA; JE, JE, JE; JU, JU, JU!

¿A dónde vas? A la tierra de las mil preguntas, las conversaciones interesantes y las risas de mil horas.

¿Qué esperar? Aquí no hay silencios incómodos, así que no te preocupes por no saber qué decir ni cuándo, porque elles te van a sacar plática de lo que sea. Son grandes conversadores desde chiquites y aman la diversión. Venus en Géminis cuenta con un micrófono en cada esquina y gran sistema de sonido para que, si se te ocurre algún chiste a mitad de tu caminata, lo puedas contar y todes lo escuchemos y te aplaudamos. Buenísimo para armar un karaoke diverso; desde Amanda Miguel hasta las *Blackpink*. Venus en Géminis se caracteriza por tener a la gente más interesante e inteligente del zodiaco, se fijan más en la mente que en el exterior. Porque, herrrrmane, lo bonito un día se acaba, pero lo divertido e inteligente, jamás.

REGALO DE BIENVENIDA: WIFI.

Cómo seducir a:
Venus en Géminis
(CORAZÓN INTELIGENTE)

Ama:
LAS PLÁTICAS LARGAS.
LA GENTE CON
SENTIDO DEL HUMOR.
FIESTEAR.
LOS PLANES ESPONTÁNEOS.

Odia:
LA GENTE COBARDE.
LA GENTE QUE SE
DUERME TEMPRANO.
LA GENTE SIN NADA QUE DECIR.
LOS SILENCIOS INCÓMODOS.

Dale placer con:
PALOMITAS DE QUESO PARA
ACOMPAÑAR LA PELI.

Conquístale con:
CONVERSACIONES
INTERESANTES Y TUS
MEJORES CHISTES.

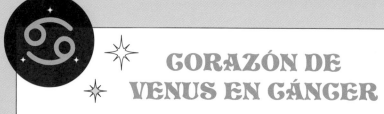

CORAZÓN DE VENUS EN CÁNCER

¡TODO EL CARIÑO DEL HOGAR CON UN TOQUE DE LOCURA Y BUENA COMIDA!

¿A dónde vas? A la tierra de los perritos, la nostalgia y las promesas de amor.

¿Qué esperar? Este tesoro de la naturaleza está regido por la Luna, así que todo te parecerá muy familiar. Venus en Cáncer es el lugar perfecto para la nostalgia, con fotos de su infancia en cada esquina. Si le huyes a las fiestas y prefieres un buen maratón de películas y una excelente comida, aquí es. Les mejores cocineres y pura comida de calidad; hasta se te va a olvidar que existe Rappi. Si eres amante de los animalitos, aquí serás más que bienvenide. Miden la calidad humana por tu amor a la naturaleza y los seres vivos. Aman la intensidad, así que si crees que une de sus habitantes es el amor de tu vida en la primera cita, confiésalo porque probablemente elle esté sintiendo lo mismo y, seguramente, su familia ya sabe de ti.

REGALO DE BIENVENIDA:
MANTITA PARA CUCHAREAR.

Cómo seducir a:
Venus en Cáncer
(CORAZÓN HOGAREÑO)

Ama:
EL COMPROMISO.
LA GENTE QUE SABE
LO QUE QUIERE.
LAS MUESTRAS
SINCERAS DE AMOR.
ESTAR EN CASA.

Odia:
A LA GENTE QUEJUMBROSA.
ANDAR DE PATA DE PERRO.
DESVELARSE.
QUE NO TENGA PERRHIJO.

Dale placer con:
GALLETAS, BROWNIES
Y BARNIZ DE UÑAS.

Conquístale con:
FLORES, CONVERSACIONES
CHIDAS Y SIENDO AMABLE
CON LES DEMÁS.

CORAZÓN DE VENUS EN LEO

¡SHINE BRIGHT LIKE A DIAMOND! (BUT LIKE... NOT BRIGHTER THAN ME)

¿A dónde vas? A la tierra de los cumplidos, la generosidad infinita y los regalos caros.

¿Qué esperar? Aquí hay una tienda de regalos en cada esquina, por si se ofrece comprarle un detallito al ser amado. Recuerda que a veces la generosidad sí viene en forma material. Digo, no se fijan en el tamaño del regalo, pero, acá entre nos, tiene que ser algo cool. Saca tus mejores cumplidos, porque a les habitantes de Venus en Leo les encantan. La neta es que son supervanidosos, aman producirse y verse al espejo todo el tiempo. Dales espacio para brillar con su increíble personalidad, y si no te gusta que sean el centro de atención puedes irte buscando otro Venus que visitar. Si quieres abrazos, muestras de amor en público, regalos bien pensados y un chorro de pasión, este es tu nuevo hogar.

*REGALO DE BIENVENIDA: ESPEJO PARA CHECAR CÓMO TE VES TODO EL TIEMPO.

Cómo seducir a:
Venus en Leo
(CORAZÓN DORADO)

Ama:
LOS REGALOS.
UN BUEN CUMPLIDO.
EL AMOR EN PÚBLICO.
QUE LE PERTENEZCAS.

Odia:
SENTIRSE IGNORADE.
QUE NO LE CHULEES.
SALIR SIN ARREGLARSE.
QUE SI TE DICE «TE AMO» NO
LE DIGAS «YO MÁS».

Dale placer con:
MAQUILLAJE, ROPA Y TU CEL
PA' TOMARSE FOTOS.

Conquístale con:
CUMPLIDOS SOBRE SU CARITA
O SU OUTFIT.

CORAZÓN DE VENUS EN VIRGO

NO TE PREOCUPES POR NADA, TODO ESTÁ FRÍAMENTE CALCULADO

¿A dónde vas? A la tierra del descanso, el orden y la ayuda como muestra de afecto.

¿Qué esperar? Aquí la gente no es de demostrar afecto en público y tiene el corazón envuelto en capas de frío y duro hierro. Te querrán ayudar en todo, así que tú déjate, porque entre más te ayuden, más te quieren. Dales las gracias llevándoles por un heladito.

La neta es que les habitantes de Venus en Virgo son muy práctiques y encuentran solución a todo. Espera conversaciones francas y honestas llenas de soluciones porque sí, el corazón es importante; pero un poco de razón y prudencia también habla de una persona equilibrada, ¿a poco no?

Parecen farmacia ambulante, con todo lo necesario para curar tu cora (y sus nervios, claro). Tenles paciencia y déjales ayudarte a ser una persona mejor. Digo... ayudarte no-más...

*REGALO DE BIENVENIDA:
KIT DE PRIMEROS AUXILIOS.

Cómo seducir a:
Venus en Virgo
(CORAZÓN CURATIVO)

Ama:
QUE TE DEJES AYUDAR.
LOS PEQUEÑOS DETALLES.
QUE TE ACUERDES DE LAS COSAS.
QUE LE AYUDES.

Odia:
EL DESORDEN.
LA GENTE SIN ARGUMENTOS.
NO TENER EL CONTROL.
SENTIRSE INÚTIL.

Dale placer con:
PEPINOS CON CHILITO Y UN CAJÓN QUE QUIERES ORDENAR.

Conquístale con:
OFRECIÉNDOLE AYUDA Y DEJÁNDOTE AYUDAR.

CORAZÓN DE VENUS EN LIBRA

DEL AMOR ESTOY ENAMORADE Y NI MODO

¿A dónde vas? A la tierra de las cenas románticas, amor de cuentos de hadas y mucha fantasía.

¿Qué esperar? Aquí se cree en y se practican los rituales tradicionales del amor, como compartir palomitas en el cine y caguamear en la banqueta mientras se agarran de la mano. Toda historia de amor bonita que quieras recrear, aquí se puede hacer realidad.

En Venus en Libra creen fielmente que mimetizarse con la pareja no es tóxico, sino bastante necesario (pregúntale a un psicólogo… je, je). Aman lo cursi y sueñan con casarse. Al principio pueden ser todo lo que su ser amado necesita, pero después exigen todo a su modo. Ah, por cierto, como buenes hijes de Venus tardan un chorro en arreglarse. Son maestres del coqueteo y a veces ni se dan cuenta. No seas celose, nomás les gusta que les digan que son hermoses.

REGALO DE BIENVENIDA:
UNA HERMOSA TIARA CON *GLITTER*.

Cómo seducir a:
Venus en Libra
(CORAZÓN ROMÁNTICO)

Ama:
LAS CENAS ROMÁNTICAS.
SER MEDIO CURSI.
SER TRATADE COMO TE TRATA.
CUCHAREAR.

Odia:
TARDAR MUCHO
ARREGLÁNDOSE, PERO ES
NECESARIO.
A LOS QUE NO BAILAN.
A LOS QUE SE DUERMEN
TEMPRANO.
A LA GENTE FALSA.

Dale placer con:
FRESITAS CON CHOCOLATE Y
REVISTAS DE MODA.

Conquístale con:
DETALLES CURSIS, BESOS,
ABRAZOS Y CUCHAREO.

CORAZÓN DE VENUS EN ESCORPIO

IGUAL QUE ZIPOLITE: MUY CALIENTE, SENSUAL Y LLENO DE GENTE SIN ROPA

¿A dónde vas? A la tierra de la seducción, las pruebas de amor verdadero y las uniones para toda la vida.

¿Qué esperar? Bienvenide a la tierra de la sensualidad y les maestres de la seducción. Aquí, mientras menos ropa, ¡mejor! En este lugar se cree que el sexo es importante para conectar con le otre, y estos habitantes donde ponen el ojo, ponen la bala. En esta tierra encuentras la mezcla perfecta entre la sensualidad y las relaciones serias. Aman a la gente que quiere profundizar y crear lazos para toda la vida, pero no les mientas porque se les da bien fácil descubrir la verdad en dos segundos. Si solo quieres jugar, ¡avísales! Obvio jalan a que todo quede en el plano sexual, pero si no lo dices y juegas con elles, vas a sentir al mismísimo Satanás jalándote las patas en la noche. Besitos. <3

*REGALO DE BIENVENIDA:
DETECTOR DE MENTIRAS.

Cómo seducir a:
Venus en Escorpio
(CORAZÓN MISTERIOSO)

Ama:
EL AMOR INTENSO.
LOS PLANES A LARGO PLAZO.
LAS RELACIONES PARA
TODA LA VIDA.
EL SEXO.

Odia:
LAS MENTIRAS.
LA FALTA DE COMPROMISO.
LA GENTE SUPERFICIAL.
LA GENTE QUE CREE QUE EL
SEXO NO ES IMPORTANTE.

Dale placer con:
CHEETOS FLAMING HOT Y
PELIS DE MIEDO.

Conquístale con:
DEJA QUE TE CONQUISTE
ELLE A TI.

CORAZÓN DE VENUS EN SAGITARIO

MUCHA TIERRA POR EXPLORAR, POCO TIEMPO PARA HACERLO

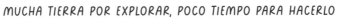

¿A dónde vas? A la tierra de la libertad, las risas alocadas y los planes que no lo son.

¿Qué esperar? Si buscas una relación seria, pero también libertad de expresión y tiempo a solas de vez en cuando, has llegado al lugar correcto: tendrás tiempo para ti solite porque elles son les primeres en huir cuando se sienten asfixiades. No te me espantes, les gusta el compromiso, pero si no respetas su espacio, son excelentes escapistas; Houdini es su bisabuelo, de hecho.

Cuando andan en su pedo, suelen no ser les más cariñoses, nomás dales unos momentitos en lo que acaban con sus pendientes y estarán de regreso. Saca tus mejores chistes porque se aburren fácil. Aquí hay un show de *stand up* en cada esquina por si quieres entrar y soltar carcajadas para combatir el estrés.

*REGALO DE BIENVENIDA:
BRÚJULA DE EXPLORADOR.

Cómo seducir a:
Venus en Sagitario
(CORAZÓN LIBRE)

Ama:
LAS AVENTURAS.
TENER MÁS DE UN PLAN
EN 24 HORAS.
LA ESPONTANEIDAD.
HABLAR DE TODO Y DE NADA
A LA VEZ.

Odia:
LA LENTITUD.
LAS PERSONAS SEDENTARIAS.
LAS PERSONAS CALLADAS.
QUE LE QUIERAN QUITAR SU
LIBERTAD.

Dale placer con:
CHELAS, CHEETOS Y UN JUEGO
DE MESA CHIDO.

Conquístale con:
DISPOSICIÓN PARA CAMBIAR
EL PLAN DE ÚLTIMO MINUTO.
TUS CHISTES Y TU VALENTÍA.

CORAZÓN DE VENUS EN CAPRICORNIO

EL RESPETO AL DERECHO AJENO ES LA PAZ

¿A dónde vas? A la tierra del respeto, el honor y los gustos de millonario.

¿Qué esperar? Si a veces andas ocupade para los rituales de la vida amorosa, te encantará Venus en Capri. Aquí entienden rebién las prioridades de cada une y saben que el tiempo es oro. ¿Tienes problemas de puntualidad? No es su problema, es tuyo. En esta tierra tienen un café internet en cada esquina, con el café más cargado del zodiaco para iniciar el día y con computadoras para enviar *mails* pendientes.

Si les respetas y no les juzgas, eres alguien trabajador, puntual y te encanta el sentido del humor ácido e incorrecto, la llave de su cora es tuya. No les pongas en situaciones donde hagan el ridículo, porque lo odian. Pórtate difícil, pues aman lo que les resulte un reto. Las personas fáciles, no gracias.

*REGALO DE BIENVENIDA:
TERMO CON DOS LITROS DE COLD BREW.

Cómo seducir a:
Venus en Capricornio
(CORAZÓN HERMÉTICO)

Ama:
LAS MUESTRAS DE AMOR DISCRETAS.
LAS PERSONAS CON METAS EN LA VIDA.
LA AMBICIÓN.
LA PUNTUALIDAD.

Odia:
LAS PROMESAS ROTAS.
QUE LE EXHIBAS.
QUE LE ARRUINES LOS PLANES.
QUE LE PRESIONES.

Dale placer con:
PRETZELS CON CHOCOLATE Y SKIN CARE COREANO.

Conquístale con:
EXCELENTES MODALES, TU PUNTUALIDAD Y PROMESAS CUMPLIDAS.

CORAZÓN DE VENUS EN ACUARIO

MÁS CONECTADE CON LA HUMANIDAD QUE GHANDI

¿A dónde vas? A la tierra de la libertad, el espíritu como conexión con le otre y los besos de 20.

¿Qué esperar? Si pensabas que no existía un lugar donde la palabra «celos» no formara parte del vocabulario de la gente, deja que te cuente de Venus en Acuario. Aquí respetan la individualidad y le dan un valor enorme a la esencia de las almas. Lo cool de esta tierra es que en cada esquina hay un salón de Realidad Virtual para perderte un rato en otro mundo; lo malo es que practican la ghosteada a veces.

No presumas cosas materiales, presume tu mente porque, así tengas la cara más bonita del universo, eso no asegura que tienes mente de Marie Curie. Puntos extras si amas a los animales o luchas por causas sociales.

*REGALO DE BIENVENIDA:
PETICIÓN DE CHANGE.ORG PARA FIRMAR.

Cómo seducir a:
Venus en Acuario
(CORAZÓN HUMANITARIO)

Ama:
LA AUTENTICIDAD.
LUCHAR POR CAUSAS SOCIALES.
A LA GENTE RARA.
LA IDEA DE QUE SOMOS LIBRES.

Odia:
SEGUIR ÓRDENES.
QUE LE CREAS TONTE.
LA INCOHERENCIA.
LO OLD SCHOOL.

Dale placer con:
TAQUITOS DE PASTOR VEGANO Y DOCUMENTALES.

Conquístale con:
INTELIGENCIA, MENTE ABIERTA Y AMOR POR LA HUMANIDAD Y LOS ANIMALITOS.

Venus, La Diosa

CORAZÓN DE VENUS EN PISCIS

¿A dónde vas? A la tierra del enamoramiento, las fantasías y donde soñar despierte es un deporte olímpico.

¿Qué esperar? Venus en Piscis es la tierra de *La historia sin fin*. Es estar en un mundo donde hay unicornios, dragones, princesas y un amor que no te puede mentir ni juzgar. Son personas creativas en TODO, hasta en la forma de decir «te amo». Creatives en la cama y complacientes también. Dan los mejores besos y abrazos del zodiaco.

En cada esquina hay una tienda llena de todo tipo de fantasía y cosas mágicas para alimentar su mundo onírico. Expertes en soñar despiertes. Si están mirando a la nada, es porque andan imaginando cosas imposibles. Aquí se cree en las almas gemelas, pero también se les da mucho eso de pensar que todo mundo es su media naranja. No andes de presumide en esta tierra, porque te vas.

*REGALO DE BIENVENIDA:
PELUCHE DE UNICORNIO.

Cómo seducir a:
Venus en Piscis
(CORAZÓN SOÑADOR)

Ama:
LAS MUESTRAS DE AMOR.
QUE TODES SE LLEVEN BIEN.
FLUIR CON LA VIDA.
FINALES DE CUENTOS
DE HADAS.

Odia:
QUE LE DIGAS QUE SE BAJE
DE SU NUBE.
QUE LE CREAS «INFANTIL».
LAS MENTES CERRADAS.
LA REALIDAD.

Dale placer con:
MUCHOS DULCES Y LAS
PELIS DE HARRY POTTER.

Conquístale con:
MOSTRARLE TUS EMOCIONES
MÁS PROFUNDAS Y TU LADO
VULNERABLE.

Monogámetro

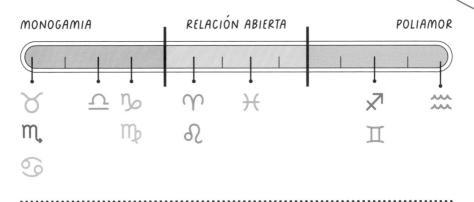

Sexómetro

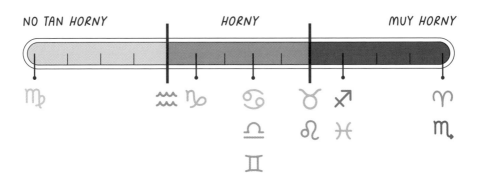

Romanticómetro

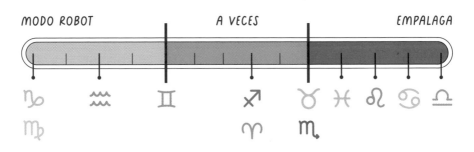

Mi casa es «mi» casa

✦ Venus en el hogar ✦

VENUS TAMBIÉN ES EL PLANETA DEL HOGAR. Y LA NETA, AUNQUE NO LO CREAS, SE PUEDE VER EN LA CASA DE LAS PERSONAS CÓMO ES SU VENUS. AHORA, YO SÉ QUE ES MUY PROBABLE QUE NO TENGAS UNA CASA PROPIA, PORQUE MALDITA ECONOMÍA, PERO PODEMOS LLEVARLO A UNA ESCALA MÁS PEQUEÑA VIENDO TU CUARTO. AQUÍ TE COMPARTO CÓMO SE VE LA CASA O EL CUARTO DE CADA VENUS Y CÓMO SERÍA EL PLANO ARQUITECTÓNICO DE SU CASA IDEAL.

De qué te va a servir esa información, te preguntarás. Te explico en breve: los espacios que habitamos son una extensión de lo que somos, puedes identificar muy rápidamente qué le gusta y a qué le da prioridad tu crush, tu amigue o cualquier persona que te interese con tan solo checar el sitio donde vive. Te reto a que vayas a casa de tu mejor amigue, cheques cómo es su cuarto, intentes adivinar dónde tiene su Venus y luego verifiques cuando le saques la carta astral. Si sí le atinaste, estoy orgullose de ti. Si no, te hace falta ver más Mika Vidente.

El hogar de Venus en Aries

Así se ve su cuarto: ESTÁ LLENO DE PÓSTERES DE PELÍCULAS PEGADOS EN LA PARED Y HAY AL MENOS UNA PARED PINTADA DE UN COLOR QUE NO CONCUERDA CON LOS DEMÁS. OBVIO, TIENE FUNKOS O ART TOYS. TIENE LA CAMA DESTENDIDA Y LOS ZAPATOS REGADOS EN EL PISO. HAY UN BUEN BOCINÓN (ES NECESARIO, PORQUE MÚSICA ALL NIGHT LONG).

Su hogar ideal: GIMNASIO, CUARTO DE VIDEOJUEGOS, UN CUARTOTE CON VENTANOTAS, COCINA, BAÑO Y UN JARDINZOTE.

El hogar de Venus en Tauro

Así se ve su cuarto: HAY POR LO MENOS CUATRO PLANTITAS Y DOS SUCULENTAS. TODO ESTÁ SUPERORDENADO Y, OBVIO, MONOCROMÁTICO, PORQUE PARA TAURO TODO ES NEGRO O BLANCO. NO HAY MÁS, NO HAY ESCALA DE COLOR. UN MIMO PODRÍA SER SU MEJOR AMIGUE. HUELE DELICIOSO Y CADA COSA TIENE SU LUGAR. PROBABLEMENTE TIENE UN LUGARCITO PARA SUS INVITADOS, COMO UN FUTÓN O UN PEDO ASÍ. ESPEJOTE AL LADO DE SU CAMA Y MUEBLES BONITOS.

Su hogar ideal: INVERNADERO, COCINA ENORME, BAÑO CON TINA, CUARTO GRANDE CON AIRE ACONDICIONADO, CUARTO DE MASAJES Y SKIN CARE, Y CLOSET GRANDE.

El hogar de Venus en Géminis

Así se ve su cuarto: TIENE UN CHINGO DE REGADERO, PERO CON COSAS MUY DIVERTIDAS, LA VERDAD. OBVIO, TIENE AUDÍFONOS CHIDOS Y UN CHORRO DE LIBROS QUE NO HA ACABADO DE LEER. TIENE UNO QUE OTRO *PRINT* DE ALGÚN ARTISTA QUE LE GUSTA SIN ENMARCAR, PORQUE SIEMPRE SE LE OLVIDA. OBVIO, TIENE LA CONSOLA PRENDIDA Y COMO 30 TABS ABIERTAS EN SU COMPU. PAREDES DE COLORES DISPAREJAS, PERO LE DA IGUAL. CERO PLANTAS, PERO SÍ UN CHINGO DE FOTOS.

Su hogar ideal: BIBLIOTECA CON TELE, OBVIO; REPISAS Y REPISAS CON *ART TOYS*; CUARTO CON MUCHO ARTE, BAÑO CON REGADERA Y LEDS; CUARTO DE CINE; BAR CON MUCHAS BOTELLAS, Y CUARTO DE KARAOKE.

El hogar de Venus en Cáncer

Así se ve su cuarto: ESTÁ LLENO DE COSAS CÓMODAS, COMO MUCHAS ALMOHADAS Y MUCHA COSA RETRO O *VINTAGE*. OBVIO, TIENE POR LO MENOS UN LUGAR DESIGNADO PARA LAS FOTOS CON SUS MEJORES AMIGUES. TIENE UNA BOLSITA DE PAPITAS O CUALQUIER BOTANA ABIERTA DISPONIBLE PARA CUANDO TENGA HAMBRE. COLORES QUE COMBINAN EN LAS PAREDES Y EN LAS COSAS QUE COMPRA. SIEMPRE HUELE RICO Y DE SEGURO DUERME CON SU MASCOTA.

Su hogar ideal: JARDÍN GRANDOTE, TIPO GRANJA, CON MUCHOS ANIMALITOS; CUARTO DE MANUALIDADES; COCINA GRANDE CON MUCHOS UTENSILIOS Y ESPECIAS; CUARTO DE LLORAR; BAÑO CON TINA (OBVIO), Y BODEGA DE RECUERDOS DE LA INFANCIA.

El hogar de Venus en Leo

Así se ve su cuarto: TIENE TODO LO NECESARIO PARA PASAR UN MOMENTO MUY CÓMODO. SIEMPRE EXHIBIENDO LO QUE MÁS LE INTERESE EN ESE MOMENTO; ES DECIR, SI ESTÁ OBSESIONADE CON LAS MONAS CHINAS, DE SEGURO TIENE PEGADO UN PÓSTER DE SU BANDA DE KPOP FAVORITA Y EL DISCO AFUERA, PARA QUE LE PREGUNTES SOBRE ESO. UN CUARTO MUY BIEN DECORADO Y CON COSAS DE MODA.

Su hogar ideal: CUARTO DE LOS ESPEJOS PARA PODER VERSE 24/7; CUARTO DE DJ, PORQUE ES LE MEJOR ESCOGIENDO ROLAS; CUARTO CON SUS FOTOS IMPRESAS EN GIGANTE; GUARDARROPA CABRÓN CON TODO LO DE MODA, Y BALCONCITO PARA LAS PEDAS.

El hogar de Venus en Virgo

Así se ve su cuarto: AQUÍ CADA COSA EN SU LUGAR. TODO ES DE COLORES CLAROS, PUES LA LIMPIEZA SIGNIFICA QUE TODO FLUYE. TIENE POCAS COSAS A LA VISTA, PERO SI ABRES UNO DE SUS CAJONES HABRÁ RELIQUIAS QUE ACUMULA DESDE HACE AÑOS Y QUE NO PUEDE TIRAR. SÍ, MANA, POR FUERA TODO OK, PERO POR DENTRO ACUMULADORES AL MIL. HUELE RICO Y TODO ESTÁ LIMPIECITO.

Su hogar ideal: CUARTO DE MEDITACIÓN; OFICINA 1; OFICINA 2; COCINA CON LO ESENCIAL Y EN ORDEN; CUARTO DE JUEGOS SOLO CON ROMPECABEZAS; CUARTO DE LIMPIEZA; BAÑO CON VELAS Y AROMAS DELICIOSOS, Y UN CUARTO PEQUEÑO, PERO ORDENADO.

El hogar de Venus en Libra

Así se ve su cuarto: HAY UN CHORRO DE COSAS QUE BRILLAN Y UNA COLECCIÓN DE PERFUMES O CUALQUIER ACCESORIO DE MODA. MAQUILLAJE EN EXHIBICIÓN Y UNA PARED TAPIZADA DE REFERENCIAS DE SUS ÍDOLOS. OBVIO, TIENE *PRINTS* ENMARCADOS DE SUS ARTISTAS Y PINTORES FAVORITOS Y UN ESPEJOTE POR LO GENERAL.

Su hogar ideal: CLÓSET 1, CLÓSET 2; SALA GRANDE CON MESA GRANDE PARA REUNIONES GRANDES; DORMITORIO GRANDE CON UN ESPEJOTE; BAÑO CON ARTE DENTRO, Y UN ESTUDIO DONDE HACE COSAS DE ARTE O DE MODA.

El hogar de Venus en Escorpio

Así se ve su cuarto: TIENE UNA CAMA GRANDOTA, PORQUE UNA INDIVIDUAL NO ES SUFICIENTE. OBVIO, TIENE UN RINCÓN *DARK*, EN DONDE PONE TODA CLASE DE RECUERDOS DE AMORES PASADOS Y UN CAJÓN SECRETO QUE NADIE TOCA, AHÍ GUARDA TODA CLASE DE SENTIMIENTOS PROFUNDOS Y CARTAS DE AMORES PERDIDOS. TAMBIÉN TIENE UN RINCÓN OSCURO Y OTRO LLENO DE COSAS *KAWAII*, PORQUE EL EQUILIBRIO ES IMPORTANTE.

Su hogar ideal: DORMITORIO CON MUCHA LUZ, PERO CORTINAS *BLACKOUT*; CUARTO DE LOS SECRETOS; CUARTO DE LOS JUGUETES SEXUALES; CUARTO DE BRUJERÍA, BAÑO Y BALCONCITO.

El hogar de Venus en Sagitario

Así se ve su cuarto: *TIENE UN ESPACIO DEDICADO A TODAS LAS COSAS QUE COMPRÓ EN SUS VIAJES Y LOS RECUERDITOS QUE LE TRAEN SUS AMIGUES DE LOS SUYOS. SU CAMA PUEDE SER UNA HAMACA O UN FUTÓN, ALGO DIVERTIDO QUE HAGA MATCH CON SU PERSONALIDAD. SU MASCOTA DUERME CON ELLE Y ES UN ANIMAL EXÓTICO. HAY UN PIZARRÓN DE CORCHO LLENO DE BOLETOS DE AVIÓN Y UNA DECORACIÓN MUY ECLÉCTICA QUE NADIE ENTIENDE.*

Su hogar ideal: *CUARTO LLENO DE LIBROS Y GLOBOS TERRÁQUEOS; CUARTO DE LOS SOUVENIRS Y FOTOGRAFÍAS DE SUS VIAJES; CUARTO DE ARTESANÍAS; CUARTO DE JUEGOS; UN JARDÍN ENORME PA' CORRER Y EJERCITARSE.*

El hogar de Venus en Capricornio

Así se ve su cuarto: *LLENO DE LAS COSAS MÁS CARAS Y DE BUEN GUSTO DEL ZODIACO. UNA DE SUS PAREDES DEBE SER DE COLOR OSCURO, O POR LO MENOS ALGÚN ESPACIO DEL CUARTO. TIENE COSAS ANTIGUAS, PERO VALIOSAS, Y SU CLÓSET ES MONOCROMÁTICO, PERO COSTOSO. LAS FOTOS QUE TIENE SON DE SUS MÁS GRANDES INSPIRACIONES Y ASPIRACIONES. ESTE BEIBE NACIÓ PARA SER MILLONARIE. SE $ABE.*

Su hogar ideal: *BÓVEDA CON SU DINERO BIEN RESGUARDADO; CUARTO CON ESTILO MINIMALISTA; SALA CON MUEBLES CARÍSIMOS Y PIEZAS DE ARTE AÚN MÁS CARAS; OFICINA 1; OFICINA 2; OFICINA 3, Y UNA COCINA GRANDE Y CON ACABADOS CAROS.*

El hogar de Venus en Acuario

Así se ve su cuarto: TIENE UNA DECORACIÓN QUE ASEMEJA AL ESPACIO, A LAS ESTRELLAS O A COSAS ESPIRITUALES. TÍPICO QUE TIENEN UN PÓSTER ENORME DE LOS CHAKRAS, DE UN TRANSBORDADOR O DE UN EXTRATERRESTRE. OBVIO, SU PERRO O GATO DUERME CON ELLE EN EL CUARTO Y EN LA CAMA. TIENE MUCHOS LIBROS, ESO SÍ. Y DE TODO TIPO: CIENCIA FICCIÓN, FILOSOFÍA, NOVELAS GRÁFICAS, ETC. MUCHAS COSAS SON TECNOLÓGICAS Y FUNCIONAN CON *BLUETOOTH*.

Su hogar ideal: CUARTO DE LOS CUARZOS; SALA CON UNA PANTALLOTA (NO TIENE MESA, PARA ESTAR MÁS EN CONTACTO CON LA TIERRA); CUARTO DE EXPERIMENTOS; OBSERVATORIO PARA VER LAS ESTRELLAS CUANDO QUIERA, Y UN LABORATORIO; MUCHA TECNOLOGÍA.

El hogar de Venus en Piscis

Así se ve su cuarto: TIENE UNA CAMA ACOLCHONADA Y CÓMODA, PORQUE AMA DORMIR. TIENE ANTOJOS SIEMPRE Y HAY DULCES CERCA. POR LO MENOS UN CUARZOTE O UN ATRAPASUEÑOS SÍ TIENE. TIENE MASCOTAS CHIQUITAS Y COSAS PELUDAS POR TODOS LADOS. ALMOHADAS, PELUCHES, CHAMARRAS, ETC. CUENTA CON AROMATERAPIA Y UN CLÓSET BASTANTE COLORIDO Y PASTELOZO. ¡AMAMOS!

Su hogar ideal: CUARTO LLENO DE COSAS INÚTILES QUE LE HACEN FELIZ; CUARTO DE ANIME O ALGO FANTASIOSO QUE LE HAGA VIAJAR; CUARTO PARA MEDITACIÓN; ESTUDIO PARA PINTAR; CUARTO PARA LOS DUENDES; BAÑO CON TINA Y FLORES, Y JARDÍN CON SECRETOS.

DIY, TU HOGAR IDEAL

¡ES TU TURNO! BEBÉ DE LUZ, CON TODO LO QUE HAS APRENDIDO HASTA AHORA SOBRE TU VENUS, DIBUJA CÓMO SE VERÍA TU HOGAR IDEAL.

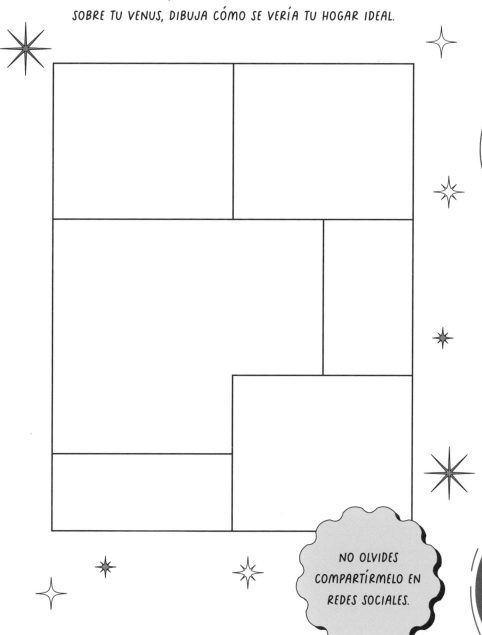

NO OLVIDES COMPARTÍRMELO EN REDES SOCIALES.

Venus, La Diosa

GAME TIME

AHORA QUE SABES CÓMO ES CADA VENUS EN SU CUARTO, TE TOCA ADIVINAR QUÉ OBJETO DEJARON EN LA CAMA.

ESCRÍBELO Y LUEGO COMPARA LAS RESPUESTAS PARA SABER SI FUISTE ACEPTADE EN HOGWARTS O SIGUES SIENDO MUGGLE.

RESPUESTAS:

Aries – Un termo con agua.
Géminis – Unos audífonos.
Cáncer – Un plato con galletas que elle horneó.

Tauro – Un paquete de frituras.
Virgo – Una agenda.
Libra – Maquillaje.
Escorpio – Una chamarra de cuero negra.

Leo – Unos lentes de sol muy fashion.
Sagi – Un beanie de tie dye.
Capri – Una bolsa cara.
Acuario – Un llavero de alien.
Piscis – Un cuarzo azul.

You better work, b*tch!

✦ Venus y lo que te da de comer ✦

Mana, a ver, yo sé que a veces sentimos que no tenemos el trabajo de nuestros sueños. ¿Y sabes por qué? ¡Porque no escuchamos a nuestra Venus! Chécate esta guía y aplícala contigo o tus amigues desempleades.

Se busca chamba

 Venus en Aries. TRABAJOS CREATIVOS AL MIL, EN DONDE ADEMÁS PUEDA MOVERSE DE UN LADO A OTRO. ALGO QUE TENGA QUE VER CON EVENTOS Y CONVENCIONES, VIAJES Y TURISMO, SUPERSÍ.

 Venus en Tauro. TRABAJOS DONDE TENGA QUE MANEJAR GRANDES CANTIDADES DE DINERO O QUE TENGAN QUE VER CON LA BELLEZA. TRABAJA SUPERBIÉN EN OFICINA Y ES RESPONSABLE.

 Venus en Géminis. TRABAJOS CREATIVOS QUE NO LO OBLIGUEN A ENCERRARSE EN UNA OFICINA. ALGO QUE TENGA QUE VER CON LA MÚSICA O CON EXPONER FRENTE A MUCHA GENTE. SON BUENES VENDEDORES.

 Venus en Cáncer. TRABAJOS QUE TENGAN QUE VER CON EL CUIDADO DE LAS PERSONAS, SERVICIOS Y EL ARTE EN GENERAL. AMA LAS EMPRESAS DONDE LE PERMITAN CRECER LABORALMENTE.

 Venus en Leo. TRABAJOS DONDE PUEDA ESTAR FRENTE A MUCHA GENTE. AMARÍA TRABAJAR EN CINE O TEATRO. LE GUSTA QUE SE LE RECONOZCA SU ESFUERZO.

Venus en Virgo. *TRABAJOS DONDE ESTÉ AL SERVICIO DE LOS DEMÁS. TRABAJA BIEN BAJO PRESIÓN Y NO LE IMPORTA QUEDARSE HORAS EXTRA. EN RECURSOS HUMANOS SERÍA FELIZ.*

Venus en Libra. *TRABAJOS QUE TENGAN QUE VER CON CAUSAS SOCIALES IMPORTANTES. AMA EL VOLUNTARIADO. PARA SACIAR SU LADO ARTÍSTICO LO VEO EN FOTO, EN MODA O EN ALGO SUPERCREATIVO.*

Venus en Escorpio. *TRABAJOS QUE TENGAN EXPRESIONES ARTÍSTICAS AL MIL. ALGO QUE TENGA QUE VER CON LA MODA O CON EL MEDIO DEL ESPECTÁCULO, SIEMPRE ES SUPERBUENA OPCIÓN.*

Venus en Sagi. *TRABAJOS QUE NO TENGAN HORARIO GODÍN. ALGO EN EVENTOS Y FESTIVALES SERÍA LO MEJOR. SERÍA MUY BUENE MAESTRE; ENSEÑAR PUEDE SER BUENA OPCIÓN PARA BUSCAR LA VERDAD DE LAS COSAS.*

Venus en Capri. *TRABAJOS EN EMPRESAS GRANDES Y DE RENOMBRE, PORQUE ESO LE ASEGURA ÉXITO SOCIAL Y ECONÓMICO. AMA LOS EMPORIOS. NO TIENE MIEDO DE TRABAJAR HORAS EXTRA.*

Venus en Acuario. *TRABAJOS QUE AYUDEN AL MEDIO AMBIENTE Y A LA HUMANIDAD, O QUE TENGAN QUE VER CON TECNOLOGÍA. QUIERE AYUDAR A LAS FUTURAS GENERACIONES COMO SEA.*

Venus en Piscis. *TRABAJOS SUPERCREATIVOS DONDE PUEDA EXPANDIR SU IMAGINACIÓN. AMA EL DISEÑO, EL ARTE, EL CINE, EL TEATRO, LA MÚSICA Y SENTIRSE LIBRE.*

Vámonos de Shopping
✦ Lo que dice tu look de Venus ✦

AHORA SÍ, MI BEIBE. YA QUE SABES PA' QUÉ ERES BUENE Y CÓMO PUEDES GANARTE LA DINERA, VÁMONOS DE SHOPPING METAFÓRICAMENTE. UNA DE LAS COSAS QUE MÁS AMA ESTA DIOSA DEL AMORS, O SEA VENUS, ES VERSE SUPERCOOL. YA TE HABÍA DICHO QUE TAMBIÉN SE ENCARGABA DEL ESTILO, DE LA MANERA EN LA QUE QUEREMOS SER PERCIBIDES. BÁSICAMENTE, ES LA RESPONSABLE DE QUE SEAS UNE CHIQUE MÁS DE TACONES Y ZAPATOS LUJOSOS O UNE DE CROCS Y CALZADO CÓMODO, POR AQUELLO DEL JUANETE PREMATURO. CON LOS TIPS QUE TE VOY A COMPARTIR TE VA A QUEDAR SUPERFÁCIL ADIVINARLE LA VENUS A TODO EL MUNDO, Y ADEMÁS SABRÁS QUÉ REGALARLE A TU CRUSH, A TU AMIGUE, A TU PAPÁ O HASTA A TU JEFA.

La neta es que se me hace muy de básicas darle una época de la moda a cada signo porque, para empezar, todo es cíclico, y terminamos adaptándonos a las tendencias, queramos o no. Lo que se me ocurrió entonces fue dividirlo por looks y por colores para hacerlo más diver. A ver si te checa.

Look Venus en Aries:
relajado, pero exuberante

SU PELA NO VA CON SU PLAYERA NI SU PLAYERA CON SUS PANTALONES, PERO LE VALE. SÍ A LO FOSFORESCENTE, LO RUDO Y LA ROPA DEPORTIVA. PLAYERAS DE BANDAS, SÍ; PLAYERAS ABURRIDAS, NO. PANTALONES LOCOCHONES, SÍ; JEANS ABURRIDOS, NO. TENIS PERRONES, SÍ, TENIS DE UN SOLO COLOR, NO.

Look Venus en Tauro:
monocromático y cómodo

ESTE BEIBE USA PURO NEGRO Y BLANCO PORQUE, SEGÚN, SE VE COOL. COMPRA PRENDAS CHIDAS, PERO CÓMODAS. SE VISTE SOLO CON LA LÍNEA TOP DE SU MARCA FAVORITA. PLAYERAS NEGRAS, JEANS O PANTALONES NEGROS, SÍ; JEANS AZULES, NO. TENIS NEGROS O BLANCOS, PERO DE DISEÑADOR.

Look Venus en Géminis:
nunca se sabe, depende de su *mood*

LE HACE CASO A SU ESTADO DE ÁNIMO O A SU PERSONAJE DE FICCIÓN FAVORITO. UN DÍA AMA LOS COLORES BRILLANTES, OTRO DÍA ES EMO Y EL QUE SIGUE ES FASHIONISTA. SÍ A LAS PLAYERAS DE SU SERIE FAV; PLAYERAS SIN ESTAMPADO, JAMÁS. JEANS BÁSICOS Y TENIS CON DISEÑOS DIVERTIDOS, CLARO QUE SÍ.

Look Venus en Cáncer:
cute con acentos de color

EXPLORA TODO EL CÍRCULO CROMÁTICO. SU ESTILO ES MUY *CUTE* Y SIEMPRE LE AGREGA UN TOQUE BRUJIL. AMA LOS ESTAMPADOS DE LUNAS, ESTRELLAS O FLORES. COLORES PASTELES Y PLAYERAS CON FLORES, SÍ; PLAYERAS BÁSICAS OSCURAS, NO. JAMÁS LE VERÁS CON TENIS NEGROS Y PESADOS.

169

Look Venus en Leo:
siempre a la moda

ENTRE MÁS BRILLO, ¡MEJOR! TIENE UNA PRENDA ICÓNICA FAVORITA Y SIEMPRE CUENTA LA HISTORIA DE CÓMO LA OBTUVO. PLAYERA DE SU ARTISTA FAVORITE, PERO NO LA QUE TODES TRAEN. JEANS CON CORTE ABURRIDO, NO. TENIS DE EDICIÓN LIMITADA, SÍ; TENIS SUPEREQUIS Y BÁSICOS, NO.

Look Venus en Virgo:
limpio, neutro, geométrico

MIENTRAS MÁS CÓMODE, MEJOR. NO LE VERÁS CON MAQUILLAJE EXTRAVAGANTE, TRAE CARA LAVADA SIEMPRE. PLAYERA DE UN SOLO COLOR Y CÓMODA, SÍ; PLAYERA CON ESTAMPADOS EXÓTICOS, NO. JEANS CASUALES Y PANTALONES EN COLORES NEUTROS, SÍ; JEANS CON PEDRERÍA, NEVER. LE GUSTAN LOS TENIS BÁSICOS Y CÓMODOS.

Look Venus en Libra:
cool, *trendy*, llamativo

TRAE TODO EL CLÓSET ENCIMA, AMA HACER MEZCLAS RARAS Y BONITAS. LO QUE ESTÉ DE MODA SIEMPRE LO TENDRÁ Y SI NO LE ALCANZA, APLICA EL DIY. USA PLAYERAS INTERESANTES CON DISEÑOS COOL, LE HUYE A LO BÁSICO. ¡PANTALONES CON APLICACIONES Y TENIS CON TACONCITO? ¡CLARO QUE SÍ!

Look Venus en Escorpio:
radical, contundente, con actitud

SUS LOOKS SON UN *STATEMENT*. SU *OUTFIT* VA DE ACUERDO A SU DISCURSO INTERNO; SU PEINADO Y HASTA LAS UÑAS TIENEN UNA RAZÓN DE SER. PLAYERAS OSCURAS Y CON ESTAMPADOS LOCOCHONES, SÍ. ODIA LAS PRENDAS DE COLORES CLAROS QUE NO ENSEÑEN PIEL. JEANS Y TENIS OSCUROS, SÍ. ¡AMA LAS BOTAS!

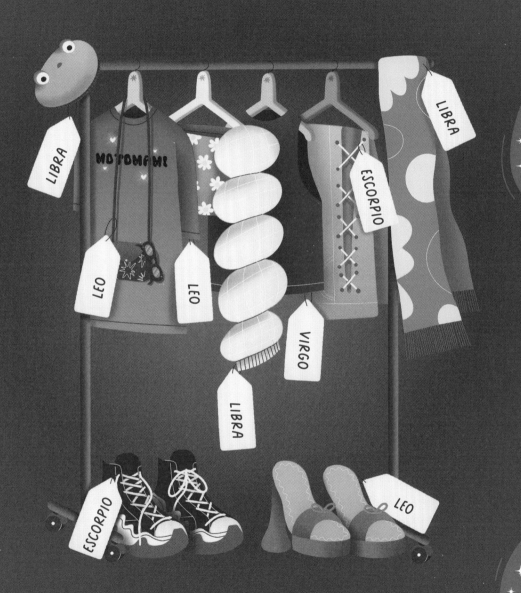

Look Venus en Sagitario: ecléctico, más es más

ADOPTAN CUALQUIER COSA QUE LE GUSTE PARA SU DÍA A DÍA, Y HACE MEZCOLANZAS BASTANTE INTERESANTES. PLAYERAS CON ESTAMPADOS LOCOCHONES, JAMÁS COLORES OPACOS. PREFIERE LOS JEANS EXÓTICOS A LOS *SKINNY JEANS*. TENIS CÓMODOS CON *PRINTS* LOCOS SÍ, TENIS PLANOS Y SIN CHISTE NO.

Look de Venus en Capricornio: minimalista y adinerade

LO FOSFORESCENTE LE PARECE RIDÍCULO. ES MONOCROMÁTIQUE, PERO USA ROPA DE DISEÑADOR PARA VERSE ELEGANTE. PLAYERAS DE EXCELENTE ALGODÓN, SÍ; PLAYERAS BÁSICAS Y FACHOSAS JAMÁS. JEANS ESTILIZADOS, SÍ; JEANS GUANGOS, NO. SUS TENIS SIEMPRE ESTÁN PERFECTAMENTE LIMPIOS.

Look de Venus en Acuario: estrafalario, diferente, *fun*

¡ESTILO INIGUALABLE! LE VALE CÓMO LE PERCIBE LA GENTE, MIENTRAS ESTÉ FELIZ CON SU LOOK. USA LAS PRENDAS MÁS RARAS Y LAS PORTA CON ORGULLO PARA QUE LE VOLTEEN A VER. SOLO DISEÑOS EXTRAVAGANTES, PERO NO A LA MODA. JEANS DE MATERIALES RAROS CON TENIS BASTANTE DIVERTIDOS.

Look de Venus en Piscis: adornado y customizado

USA LA MISMA PRENDA CON DIFERENTES COMBINACIONES HASTA ABURRIRSE. PREFIERE LOS COLORES PASTELES Y CLAROS. SE SIENTE UN PERSONAJE DE CUENTOS DE HADAS. PLAYERAS CON ILUSTRACIONES *KAWAII*, PERO NUNCA OSCURAS. JEANS Y PANTALONES CLAROS ES UN *MUST*. TENIS CON DISEÑOS INFANTILES, ¡CLARO QUE SÍ!

SAGITARIO

PISCIS

CAPRICORNIO

PISCIS

SAGITARIO

PISCIS

ACUARIO

CAPRICORNIO

PISCIS

MARTE, EL GUERRERO

 ## Lo que nos motiva, nos impulsa y nos hace úniques en la cama

AGÁRRATE LOS CALZONES Y LA PELUCA PORQUE LLEGAMOS AL PLANETA MÁS *HOT* DE LA CARTA NATAL, COMO DIJO LA ACUARIANA MÁXIMA PARIS HILTON... «*THAT'S HOT*». ¿ALGUNA VEZ TE HAS PUESTO A PENSAR POR QUÉ SIEMPRE TE GUSTAN EL MISMO TIPO DE PERSONAS? ¡ES CULPA DE MARTE! ESTE PLANETA NOS DICTA CUÁL ES EL ESTILO DE RUFIANE QUE NOS GUSTA, Y DE PASO, NOS REVELA CÓMO SOMOS Y QUÉ NOS GUSTA EN LA CAMA.

Pero no solo eso, Marte es tan importante en nuestra carta astral porque también es el planeta que nos revela la energía de las personas, lo que las activa, las apaga, las descarga y las motiva en la vida.

MANA, AL FINALIZAR ESTE CAPÍTULO SABRÁS, BÁSICAMENTE, QUÉ TIPO DE SEXO LE GUSTA A TU RUFIANE Y CÓMO AYUDAR A TU MEJOR AMIGUE A REVIVIR COMO EL AVE FÉNIX LUEGO DE UN BAJÓN. ¡AMAMOS LA ASTROLOGÍA!

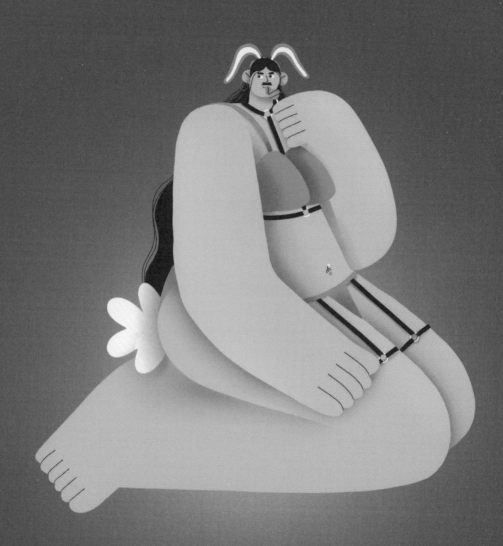

Al que le gusta, le sabe
✦ Lo que atrae a Marte ✦

¿QUÉ DIJISTE? ¿QUE ÍBAMOS A EMPEZAR POR LO SEXUAL? SÍ, YA VI QUE ERES BIEN *HORNY*, PERO NOMBREEEE, SI QUIERES PUEDES SALTARTE ESTA SECCIÓN Y BRINCARTE DE UNA VEZ A LA PARTE DEL SEXO. COCHINOTE. PERO MEJOR NO. SI ENTIENDES CÓMO FUNCIONA LA ATRACCIÓN ANTES, TE VA A IR MEJOR.

Mira, energéticamente atraemos lo que somos, y no hay mejor manera de darnos cuenta quiénes somos que atrayendo a personas que nos sirven de espejo pa' que nos veamos. Eso es obra de tu Marte, que es el responsable de que siempre te fijes en rufianes rubies, altes o con lentes, o de que te interese más la mente que el físico de tus ligues. Ojo: si de repente te encuentras atrayendo siempre el mismo tipo de gente negativa en tu vida, tal vez quiere decir que tu Marte anda en su estado negativo. Somos un reflejo y, si siguen llegando a ti personas flojas, tal vez quiere decir que también estás medio flojite, pero no te quieres dar cuenta... Y NI MODO.

PERO SI SÍ TE QUIERES DAR CUENTA, ENTONCES LEE EL SIGUIENTE APARTADO Y CONOCE LAS DOS CARAS DE TU ESPEJO. ENFÓCATE MÁS EN LO POSITIVO Y NO TANTO EN LO NEGATIVO DE LA VIDA; SI TIENES OPORTUNIDAD, VE A TERAPIA, REENCUÉNTRATE CONTIGO MISME Y CON TU AMOR PROPIO PARA RECUPERAR EL RUMBO Y ATRAER PURA GENTE CHINGONA, ALINEADA CON LA VERSIÓN MÁS POSITIVA DE TU MARTE. ALLÁ VAMOS.

Marte en Aries

atrae: *PERSONAS COMPETITIVAS, ATLÉTICAS, CREATIVAS Y LUCHONAS QUE NO SE QUEDAN CALLADAS.*

Cuidado con atraer: *PERSONAS QUE COMPITEN CONTIGO EN TODO, AGRESIVAS Y VIOLENTAS.*

Marte en Tauro

atrae: *PERSONAS GUAPAS Y TRABAJADORAS QUE SE CUIDEN LA PIEL, LAS MANOS, ETCÉTERA.*

Cuidado con atraer: *PERSONAS NECIAS, MUY CERRADAS DE MENTE, TRADICIONALISTAS, NARCISISTAS Y VANIDOSAS.*

Marte en Géminis atrae:

PERSONAS INTELIGENTES, CURIOSAS, QUE HABLAN UN CHINGO Y SON GRACIOSAS.

Cuidado con atraer: *PERSONAS QUE SE LA PASAN VAGANDO; OCIOSAS, CHISMOSAS, CONVENENCIERAS Y EGÓLATRAS.*

Marte en Cáncer

atrae: *PERSONAS SENSIBLES, ESPIRITUALES, ARTÍSTICAS MIL, EMPÁTICAS Y AMABLES.*

Cuidado con atraer: *PERSONAS DEPENDIENTES EMOCIONALMENTE, MIEDOSAS, CRITICONAS, DEMASIADO CONFORMISTAS.*

Marte, El Guerrero

Marte en Leo atrae:
PERSONAS TALENTOSAS, CONFIABLES, GENEROSAS, CREATIVAS Y CON GRAN SENTIDO DEL HUMOR.

Cuidado con atraer:
PERSONAS EGÓLATRAS, MATERIALISTAS, SUPERFICIALES Y MENTIROSAS.

Marte en Virgo atrae: PERSONAS AMABLES, ENFOCADAS, LEALES, COHERENTES, INTELIGENTES Y CON GRAN SENTIDO DEL CUIDADO.

Cuidado con atraer:
PERSONAS JUZGONAS, PERFECCIONISTAS, CERRADAS, INSENSIBLES, FRÍAS, CRUELES.

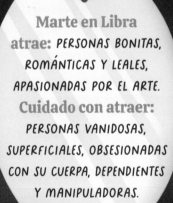

Marte en Libra atrae: PERSONAS BONITAS, ROMÁNTICAS Y LEALES, APASIONADAS POR EL ARTE.

Cuidado con atraer:
PERSONAS VANIDOSAS, SUPERFICIALES, OBSESIONADAS CON SU CUERPA, DEPENDIENTES Y MANIPULADORAS.

Marte en Escorpio atrae: PERSONAS LEALES, APASIONADAS, TRABAJADORAS Y DE SENTIMIENTOS PROFUNDOS.

Cuidado con atraer:
PERSONAS VENGATIVAS, RENCOROSAS, CEGADAS POR EL PODER Y CON MUCHOS SECRETOS.

Marte en Sagitario atrae:
PERSONAS CON BUEN SENTIDO DEL HUMOR, AVENTURERAS Y VALIENTES.

Cuidado con atraer:
PERSONAS QUE USAN A LOS DEMÁS; DESTRUCTIVAS, EGOCÉNTRICAS Y MUY FUERA DE SU REALIDAD.

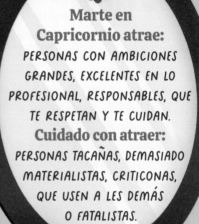

Marte en Capricornio atrae:
PERSONAS CON AMBICIONES GRANDES, EXCELENTES EN LO PROFESIONAL, RESPONSABLES, QUE TE RESPETAN Y TE CUIDAN.

Cuidado con atraer:
PERSONAS TACAÑAS, DEMASIADO MATERIALISTAS, CRITICONAS, QUE USEN A LES DEMÁS O FATALISTAS.

Marte en Acuario atrae:
PERSONAS DIFERENTES, ÚNICAS Y BASTANTE PECULIARES, QUE QUIEREN CAMBIAR EL MUNDO.

Cuidado con atraer:
PERSONAS ELITISTAS, DEMASIADO EXTREMISTAS, AISLADAS Y EGOÍSTAS.

Marte en Piscis atrae:
PERSONAS EMPÁTICAS, ESPIRITUALES, MÁGICAS Y ARTÍSTICAS, QUE CREEN EN EL PODER DEL AMOR.

Cuidado con atraer:
PERSONAS VICTIMISTAS; DEMASIADO BERRINCHUDAS Y MANIPULADORAS.

Marte, El Guerrero

Dame más gasolina
✦ Lo que moviliza a Marte ✦

IMAGÍNATE QUE ERES UN KERMOSO CARRITO DEL MARIO KART QUE NOMÁS ANDA ESPERANDO A QUE LA PEACH SE SUBA PARA EMPEZAR LA CARRERA. YA CREASTE LA ESTRATEGIA PARA AGARRAR PERRÍSIMAMENTE LAS CURVAS; SABES CÓMO DERRAPARTE Y QUÉ TRUCOS VAS A AVENTARLE AL DE AL LADO PARA SACARLE DE LA CARRERA. DE REPENTE TE DAS CUENTA DE QUE NO LE PUSISTE GASOLINA A TU CARRITO Y YA VALISTE MADRES PORQUE SIN ELLA NO AVANZAS. ASÍ ES MARTE EN NUESTRA VIDA, BEIBE, ES LA GASOLINA DE NUESTRO CARRITO DEL MARIO KART. MARTE NOS DICE CUÁL ES NUESTRA MOTIVACIÓN PARA VIVIR, NOS PROPORCIONA ESAS GANAS DE LLEGAR AL FINAL DE LA CARRERA, AUNQUE LA GANEMOS O NO.

Tener esta información es oro. Imagínate que tu amigue, crush, mamá, hermane, etc., te dice que se siente desmotivade, sin pasión por la vida. En ese momento vas y sacas su carta astral y te fijas dónde tiene a Marte para que, con este capítulo, aprendas cómo regresarle la motivación. Herrrmane, te lo van a agradecer muchísimo.

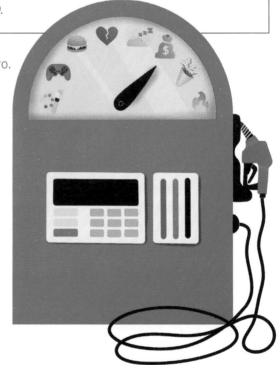

Marte en Aries:

LE MOTIVA EXPLORAR COSAS NUEVAS Y CREATIVAS, COSAS QUE NO HAYA VISTO Y QUE TAMPOCO LE ABURRAN.

Si no quiere salir: LA OPCIÓN ES JUGAR UN VIDEOJUEGO NUEVO O UN JUEGO DE MESA DIVERTIDO PARA QUE LAS GANAS DE COMPETIR LE REGRESEN.

Si se anima a salir: LLÉVALE AL LUGAR DE MODA DE NOVEDAD Y DE PREFERENCIA INTERACTIVO. TAMBIÉN PUEDES LLEVARLE A HACER ALGUNA ACTIVIDAD AL AIRE LIBRE. MOTÍVALE A QUE SE MUEVA, BEIBE.

Marte en Tauro:

TRÁELE LA CALMA Y LA RELAJACIÓN DE UNA NOCHE DE PELIS CON COMIDA RICA QUE ESCOJA ELLE.

Si no quiere salir: PIDAN COMIDA RICA, ARMEN ALGO CHIDO EN SU CASA Y NI DE CHISTE SE BAÑEN, ¿OK?

Si se anima a salir: UN DÍA DE SPA PARA QUE SE SIENTA CONSENTIDE Y RECUERDE QUE DEBE CUIDAR DE SÍ MISME. HAZLE SABER QUE DEBE PROCURARSE PARA QUE NO SE NOS TUERZA.

Marte en Géminis:

HAY QUE RECORDARLE QUE SU MENTE ES IMPORTANTE, QUE PUEDE RESOLVER COSAS Y QUE TIENE GENTE A SU ALREDEDOR QUE LE QUIERE.

Si no quiere salir: ORGANÍZALE UNA PEQUEÑA REUNIÓN CON SUS MEJORES AMIGUES EN SU CASA. CHISMEEN UN CHORRO Y HAGAN COSAS DIVERTIDAS.

Si se anima a salir: LLÉVALE DE FIESTA. CRÉEME QUE HACER CONEXIONES LE IMPULSA A SEGUIR. HABLAR Y CONOCER GENTE NUEVA LE RECARGA AL MIL.

Marte en Cáncer:

NECESITA SABERSE QUERIDE Y VALORADE PORQUE SIENTE QUE NO LO ES.

Si no quiere salir: VE A SU CASA Y AYÚDALE A COCINAR. TAMBIÉN PUEDEN HACER COSAS ARTÍSTICAS JUNTOS, ESO SIEEEMPRE LE HACE SENTIR MEJOR.

Si se anima a salir: LLÉVALE A COMER A UN LUGAR BONITO Y PAGA TÚ LA CUENTA. ELLE SIEMPRE DA TODO POR TODES, Y ESE TIPO DE GESTOS SIEMPRE LOS VALORA.

Marte en Leo:

CUANDO LAS COSAS NO LE SALEN, SE VIENE PA' ABAJO
Y SE COMPARA CON LES DEMÁS.

Si no quiere salir: ARMEN UNA PASARELA EN SU CASA O ESTRENEN MAQUILLAJE, TÓMENSE MUCHAS FOTITOS PARA QUE RECUERDE LO PERRÍSIME QUE ES.

Si se anima a salir: LLÉVALE DE COMPRAS PARA ARMAR UN *OUTFIT* MUY COOL Y LUEGO SALGAN A BAILAR. ELLE NECESITA LA ATENCIÓN DE LES DEMÁS PARA RECUPERAR SU ÁNIMO.

Marte en Virgo:

SIEMPRE ESTÁ ESTRESADE, ALÉJALE COMO PUEDAS DE
TODO LO QUE SEA UN DETONANTE PARA ELLE.

Si no quiere salir: AYÚDALE A ORDENAR ALGÚN DESMADRE PENDIENTE QUE TENGA; SUFRE CUANDO SIENTE QUE ESTÁ PERDIENDO EL CONTROL.

Si se anima a salir: LLÉVALE A UN LUGAR ALEJADO DE LA SOCIEDAD DONDE NO TENGA CONTACTO CON ABSOLUTAMENTE NADA QUE LE ESTRESE.

Marte en Libra:

LE TIENE PAVOR AL RECHAZO Y SIEMPRE LE BAJONEAN
LOS TEMAS RELACIONADOS CON LO SENTIMENTAL.

Si no quiere salir: ARMA UNA NOCHE DE JUEGOS Y CHISME CON SUS
MEJORES AMIGUES, LE GUSTARÁ SABERSE ACOMPAÑADE.

Si se anima a salir: ARRÉGLENSE PARA IR A SU LUGAR FAV A TIRAR
ROSTRO POR TODOS LADOS, AMA SER EL CENTRO DE ATENCIÓN. REGÁLALE
ALGO RELACIONADO CON EL ARTE Y SE RECUPERARÁ EN CHINGA.

Marte en Escorpio:

SI LE TRAICIONAN, LAS GANAS DE SALIR ADELANTE SE LE VAN
HASTA EL INFRAMUNDO.

Si no quiere salir: DISTRÁELE CON ALCOHOL O NOCHE DE PELIS PARA QUE NO
PIENSE EN QUIEN LE TRAICIONÓ. RECUÉRDALE QUE EN TI PUEDE CONFIAR FOREVER.

Si se anima a salir: A ESTE CHIQUE DE LA FASHION LLÉVALE DE COMPRAS,
VAYAN A HACERSE LAS UÑAS, LA PELA, LO QUE SEA, Y REGRESEN A CASA
MÁS PERRES QUE NUNCA.

Marte en Sagitario:

NECESITA QUE LE RECUERDEN QUE LA VIDA VALE LA PENA Y ES DIVERTIDA.

Si no quiere salir: VEAN COSAS QUE LE PROVOQUEN RISA Y QUE LE HAGAN
SENTIR MOTIVADE. ES BIEN ESCAPISTA, ASÍ QUE CUALQUIER COSA FANTASIOSA
QUE LE AYUDE A OLVIDARSE DE LA REALIDAD FUNCIONA MIL.

Si se anima a salir: LLÉVALE A UN SHOW DE STAND UP O A ESCAPARSE
EL FIN DE SEMANA PARA TENER CONTACTO CON LA NATURALEZA.

Marte en Capricornio:

A ESTE BEBÉ LE MOTIVA LO MATERIAL, PERO NO LE DEPOSITES MIL VAROS PARA QUE SE ANIME, MEJOR REGÁLALE UNA EXPERIENCIA VIP.

Si no quiere salir: RUTINAS DE *SKIN CARE*, COMIDITA GOURMET PARA HABLAR DE CHISMES Y VER PELIS SON UN *MUST*.

Si se anima a salir: OFRÉCELE ALGO TOP. PUEDE SER UN SPA, UNA EXPERIENCIA CULINARIA, ETC., ACOMPAÑADA DE *OUTFITS* DE IMPACTO PORQUE UNE ES CHIQUE CARE.

Marte en Acuario:

LE ENCANTA LA CONEXIÓN CON LES DEMÁS. ESTE BEBÉ ADORA NAVEGAR EN OTRAS MENTES PARA ENCONTRAR INSPIRACIÓN.

Si no quiere salir: INVITA A GENTE NUEVA, PERO DE CONFIANZA, A SU CASA, LE FASCINARÁ CONOCER NUEVAS MANERAS DE PENSAR.

Si se anima a salir: LLÉVALE A UN LUGAR QUE NO CONOZCA, SÁCALE DE SUS MISMOS CINCO AMIGUES DE TODA LA VIDA. LE ENCANTA ABRIRSE A MENTES DIVERSAS.

Marte en Piscis:

SIEMPRE ESTÁ PARA LES DEMÁS Y ABSORBE TODO COMO ESPONJA PARA LAVAR TRASTES. NECESITA DEJAR DE INTERACTUAR PARA RECARGAR PILA Y SENTIRSE MOTIVADE.

Si no quiere salir: PÓNGANSE A CHISMEAR Y LLÉVALE UN VINO ROSADO. NO TE VAYAS MUY TARDE, LAS VISITAS TIENEN SUEÑO.

Si se anima a salir: INVÍTALE A HACER ALGO MUY ARTÍSTICO O MÁGICO, PERO REGRÉSALE TEMPRANO A CASA.

Mortal Kombat

✦ Las armas secretas de Marte ✦

Mira, hermose, no apoyo para nada las peleas, y menos cuando son innecesarias o hay violencia. Nomás puse este título para llamar tu atención. Tampoco te voy a poner en esta sección quién es le más fuerte y quién le más débil de los Marte, porque no estamos en la época medieval como para fomentar ese tipo de comparaciones. Mejor te digo, a manera de videojuego, cuáles son las armas más usadas por cada Marte y cuál es la mejor manera de hacerle *Fatality* SIN VIOLENCIA DE CUALQUIER TIPO, y solo si estás en una pelea con una persona tóxica y liosa que neta por nada del mundo te deja en paz. Sorry, beibe, pero tengo Marte en Acuario y me caga pelearme. Así que, por si las dudas, te lo repito, beibe: usa las técnicas ancestrales que te comparto solo cuando, neta, sea necesario. Cuando ya no quepa la razón en le otro. También aplican para tus familiares homofóbicos cuando no te dejan en paz, obvio. Si eres parte de una situación de acoso, violencia o abuso, más que usar estas técnicas de Kung Fu astral, recuerda que debes denunciar. Te amo, beibe. Aquí estoy para ti. <3

AHORA SÍ... CHOOSE YOUR FIGHTER!

Marte, El Guerrero

Guerrero Marte en Aries

Técnicas básicas: ALZAR LA VOZ. DECIR UN CHINGO DE GROSERÍAS. GRITAR.

Técnica especial: PUÑO FURIOSO; ES CAPAZ DE IRSE A LOS GOLPES.

Hazle _fatality_: QUÉDATE EN SILENCIO Y SÉ INDIFERENTE.

Guerrero Marte en Tauro

Técnicas básicas: DECIR QUE NO A TODO. DECIR QUE ESTÁS MAL. NO ESCUCHAR EL PUNTO DEL OTRE.

Técnica especial: MURO DE BERLÍN; CERRARSE TANTO A LAS OPINIONES DE LOS DEMÁS, QUE PARECE QUE ESTÁS HABLANDO CON UNA PINCHE PARED.

Hazle _fatality_: DILE QUE ESTÁ MAL Y QUE NO SE PUEDE HABLAR CON ELLE JAMÁS. DESPUÉS RETÍRATE CON LA CABEZA EN ALTO.

Guerrero Marte en Géminis

Técnicas básicas: ENCONTRAR TU PUNTO DÉBIL. NO DEJARTE HABLAR.

Técnica especial: HURTO DEL IQ; TE HACE QUEDAR COMO UNE TONTE ANTE LES DEMÁS.

Hazle _fatality_: HAZLE VER LOS CABOS SUELTOS DE SUS ARGUMENTOS PARA ENSEÑARLE QUIÉN ES MÁS LISTE.

Guerrero Marte en Cáncer

Técnicas básicas: CRITICAR DURAMENTE. MAL GENIO. MAL MIRAR.

Técnica especial: POBRE DE MÍ; HACERSE LA VÍCTIMA, EL ATACADE.

Hazle *fatality*: DILE QUE TÚ SABES QUE LE ENCANTA HACERSE LA VÍCTIMA PARA QUE LES DEMÁS LE TENGAN LÁSTIMA.

Guerrero Marte en Leo

Técnicas básicas: OPINAR DE TODO. DECIR QUÉ ES LO MEJOR PARA TI. EMPEZAR SUS FRASES SIEMPRE CON «YO».

Técnica especial: LA ÚLTIMA PALABRA; ACABA LA DISCUSIÓN CON UN ÚLTIMO ARGUMENTO Y SE RETIRA.

Hazle *fatality*: DILE: «¿QUÉ PASÓ? ¿SE TE ACABARON LOS ARGUMENTOS?». Y ¡TRAZZZ!, VAS A VER CÓMO SE LE TRAGA LA TIERRA.

Guerrero Marte en Virgo

Técnicas básicas: HACERTE VER TODO EN LO QUE ESTÁS MAL. SER HIRIENTE.

Técnica especial: CRUELDAD PSICÓPATA; TE DA DONDE MÁS TE DUELE CON PALABRAS HIRIENTES.

Hazle *fatality*: HAZLE VER QUE TAMBIÉN HA FALLADO. COMO ÚLTIMO RECURSO, RECUÉRDALE UN ERROR FEO QUE HAYA COMETIDO EN EL PASADO.

Guerrero Marte en Libra

Técnicas básicas: VICTIMIZARSE AL MIL. SE TIRA AL PISO PA' QUE SIENTAN LÁSTIMA POR ELLE.

Técnica especial: AMNESIA TOTAL; SE LE OLVIDA LO QUE HIZO ALGUNA VEZ.

Hazle *fatality*: HAZLE VER QUE NO ESTÁ SIENDO NEUTRAL, SINO CONVENENCIERE E HIPÓCRITA, PORQUE HUYE DEL CONFLICTO SIEMPRE.

Guerrero Marte en Escorpio

Técnicas básicas: CRUELDAD. INTELIGENCIA DE SOCIÓPATA. PONERTE EN CONTRA DE LES DEMÁS.

Técnica especial: TENGO PRUEBAS; ES CAPAZ DE SACARTE LOS *SCREENSHOTS* DE CONVERSACIONES QUE TUVIERON POR WHATS, ASÍ QUE AGUAS CON LA MENTIRA.

Hazle *fatality*: SÁCALE SUS MÁS OSCUROS SECRETOS A LA LUZ PA' QUE VEA QUE TAMBIÉN TIENE COLA QUE LE PISEN.

Guerrero Marte en Sagitario

Técnicas básicas: HABLAR MÁS ALTO Y RÁPIDO QUE TÚ. SER GROSERE.

Técnica especial: PROVOCACIÓN; TE VA PICANDO Y PICANDO HASTA QUE CAES EN LA PROVOCACIÓN Y ERES LE PRIMERE EN TIRAR UN MADRAZO.

Hazle *fatality*: EL DESINTERÉS. NO CAIGAS EN SUS PROVOCACIONES Y VAS A VER CÓMO SE CALMA.

Guerrero Marte en Capricornio

Técnicas básicas: CRITICARTE A MÁS NO PODER. DESCALIFICARTE CUANDO YA NO TIENE ARGUMENTOS.

Técnica especial: COSAS VOLADORAS; ES CAPAZ DE AVENTARTE LO QUE TENGA A LA MANO CON TAL DE HERIRTE.

Hazle *fatality*: DILE QUE, ANTES DE CRITICARTE, SE VEA AL ESPEJO. QUE SE PREGUNTE POR QUÉ TODO EL TIEMPO SE QUEDA SOLE Y SIN AMIGUES.

Guerrero Marte en Acuario

Técnicas básicas: REDUCIRTE A UNE PENDEJE E IGNORARTE PORQUE NO TE CREE DIGNE DE DISCUTIR CON ELLE.

Técnica especial: PEDANTERÍA; TE DIRÁ QUE NO VALE LA PENA PELEAR CON ALGUIEN COMO TÚ.

Hazle *fatality*: ENCUENTRA LOS VACÍOS DENTRO DE SUS ARGUMENTOS Y VOLTÉALE LA TORTILLA PARA QUE SEPA QUE NO ES TAN BRILLANTE COMO IMAGINA.

Guerrero Marte en Piscis

Técnicas básicas: LLORAR PARA CAUSAR LÁSTIMA. IR ACOMPAÑADE DE SUS AMIGUES PARA QUE PELEEN POR ELLE.

Técnica especial: COLAPSO; ES CAPAZ DE FINGIR O PROVOCARSE UN DESMAYO CON TAL DE PARAR LA PELEA Y EVADIR DISCUTIR.

Hazle *fatality*: DILE QUE DEJE DE SER EVASIVE Y QUE ENFRENTE SUS PROBLEMAS COMO UNE ADULTE.

¡Ay, Dios mío, qué rico, Dios mío!
✳ Cómo le gusta el sexo a Marte ✳

No hay que hacernos menses, mi ciele. Esta sección es muy importante porque, aunque digan que el sexo no lo es todo en una pareja, sí es una parte muuuy importante. Si no hay química sexual entre dos personas, puede que las cosas no funcionen, la neta. ¿O acaso no te ha pasado que te encanta alguien, salen, se conocen, quedan para un poco de *Netflix and chill*, termina la noche y te deja de gustar? Eso puede ser porque la energía sexual del otro no era lo que tu Marte buscaba.

TE EXPLICO: MARTE ES EL PLANETA DEL SEXO, ASÍ QUE MARCA EN NOSOTRES UNA TENDENCIA DE CÓMO SOMOS EN LA CAMA Y QUÉ TIPO DE ENERGÍA NOS GUSTA SENTIR EN LE OTRE EN ESA MISMA CIRCUNSTANCIA. SIN EMBARGO, MI MARTE EN ACUARIO Y YO PENSAMOS QUE LO CHIDO DE LA VIDA ES EXPERIMENTAR DE TODO CON TODO EL MUNDO Y SIMPLEMENTE ENTENDER A LE OTRE. ASÍ QUE CERO ESPERES QUE VOY A PONERTE QUIÉN COGE MÁS CHIDO Y QUIÉN ES LE MÁS ABURRIDE EN LA CAMA. ESO ES MUY REVISTA COSMO DE 2002. MEJOR TE CUENTO QUÉ TIPO DE ENERGÍA ESPERAR DE CADA MARTE Y QUÉ LE GUSTA PARA QUE VAYAS HACIENDO UNA LISTA Y PONIÉNDOLE PALOMITA A CADA MARTE QUE PASE POR TU VIDA HASTA COMPLETAR EL ÁLBUM DE ESTAMPITAS DE LOS 12 SIGNOS, JE, JE, JE.

Amante calientote
Marte en Aries

ENERGÍA SEXUAL INAGOTABLE, ES BIEN CALIENTOTE Y ESTÁ PENSANDO EN SEXO 24/7. **Qué esperar:** EL SEXO CASUAL, LOS ENCUENTROS SORPRESA Y COGER MÁS DE UNA VEZ EN EL DÍA, SEXO DURO Y VARIEDAD EN LAS POSICIONES. **Busca:** GENTE SIN TAPUJOS, ATREVIDA, HORNY COMO ELLES, ABIERTA A EXPERIMENTAR. **Le gusta:** DOMINAR EN LA CAMA Y QUE LES HAGAS CASO EN LO QUE TE DIGAN.

Amante sensual
Marte en Tauro

ENERGÍA SENSUAL Y MUY COMPLACIENTE. TE PONEN ATENCIÓN Y SE PREOCUPAN POR TI. **Qué esperar:** SEXO PLANEADO E INTENSO, PERO SOLO UNA VEZ AL DÍA, QUIZÁ UNA POSICIÓN FAVORITA SIEMPRE. **Busca:** GENTE QUE SE DEJE PROTEGER, QUE LE GUSTE EL CUCHAREO Y LOS CARIÑITOS DESPUÉS DEL SEXO. **Le gusta:** DOMINAR EN LA CAMA. COMER O DORMIR DESPUÉS DE COGER.

Amante creative
Marte en Géminis

MUCHA CREATIVIDAD Y MUCHA PROPUESTA. ENERGÍA CREATIVA AL MIL, Y SIEMPRE BUSCA INNOVAR Y EXPLORAR. **Qué esperar:** SIEMPRE SEXO NUEVO; SE DEDICA A INVESTIGAR Y EXPERIMENTAR NUEVAS POSICIONES Y PRÁCTICAS. **Busca:** GENTE QUE PUEDA REÍRSE DESPUÉS DEL ACTO, QUE PUEDA TENER SEXO EN DONDE SEA Y QUE SEA AVENTADE. **Le gusta:** DOMINAR Y QUE LES DOMINEN. LES DA IGUAL, MIENTRAS ESTÉS ABIERTE A EXPERIMENTAR.

Amante dulce con un twist
Marte en Cáncer

SE VE MUY TIERNO, PERO POR DENTRO ESTÁ PENSANDO EN COCHINADAS. **Qué esperar:** SEXO RICO, DULCE Y PERVERSO. ESTÁ ABIERTE A PROPUESTAS; SOLO HABLA DE ELLAS ANTES DE INTENTARLAS EN EL ACTO. **Busca:** GENTE QUE SE DEJE CONSENTIR ANTES, DURANTE Y DESPUÉS DEL ACTO (INCLUYE CUCHAREO). **Le gusta:** QUE LES DOMINEN. SON COMPLACIENTES Y SABEN MUY BIEN LO QUE TE GUSTA.

Amante intense
Marte en Leo

ADORA DOS COSAS: SABER QUE CAÍSTE EN SUS REDES Y VERSE EN EL ESPEJO MIENTRAS COGE. **Qué esperar:** SEXO INTENSO, CARIÑOSO Y SENSUAL. MUCHOS CUIDADOS DURANTE EL ACTO. **Busca:** GENTE ROMÁNTICA, QUE LE VEA A LOS OJOS MIENTRAS COGE. ALGUIEN QUE SE DEJE CONQUISTAR Y QUE LE HALAGUE MIENTRAS ESTÁN EN EL ACTO. **Le gusta:** DOMINAR Y QUE SE LE HAGAN CARIÑITOS ANTES, DURANTE Y DESPUÉS.

Amante *kinky*
Amante Marte en Virgo

ENERGÍA SEXUAL MUY *KINKY*. ES TAN CONTROLADE EN LA VIDA QUE SACA LO PROHIBIDO EN LA CAMA. **Qué esperar:** FETICHES Y SEXO BASTANTE BUENO. SACAN TODAS SUS FRUSTRACIONES EN LA CAMA. MUCHA EXPERIMENTACIÓN. **Busca:** GENTE SIN MIEDO A INTENTAR COSAS NUEVAS O MEDIO LOCOCHONAS. **Le gusta:** EXPLORAR TABÚES, QUE LE DOMINEN Y DOMINAR POR IGUAL. COMPLACER A LE OTRE AL MIL.

Amante romántique
Marte en Libra

ENERGÍA SEXUAL ROMÁNTICA Y DELICADA. AMA EL PLACER, ASÍ QUE, SI TÚ TE LA ESTÁS PASANDO BIEN ELLE, POR CONSECUENCIA, TAMBIÉN. **Qué esperar:** SEXO BONITO, UN GRAN Y LARGO *FOREPLAY*, CARIÑITOS Y BESOS TIERNOS ANTES, DURANTE Y DESPUÉS. **Busca:** GENTE QUE LE TRATE BIEN, QUE NO LE FUERCE A HACER LAS COSAS, GENTE ROMÁNTICA. **Le gusta:** QUE LE DOMINEN, PERO CON DULZURA, CON CARIÑO, ROMÁNTICAMENTE.

Amante misteriose
Marte en Escorpio

AQUÍ HAY PURO MISTERIO EN LA CAMA. SABE LEER A LE OTRE EN CHINGA Y LE ATINA A LO QUE SU PAREJA NECESITA. **Qué esperar:** POSICIONES INCREÍBLES, SEXO BIEN CUIDADO, PERO INTENSO. TUS NECESIDADES CUBIERTAS AL MIL. **Busca:** GENTE QUE SE DEJE EXPLORAR POR SUS MANOS Y LENGUA MÁGICA, JE, JE. **Le gusta:** DOMINAR Y UN POQUI EL SADOMASOQUISMO, LA VERDAD.

Amante aventurere
Marte en Sagitario

ENERGÍA SEXUAL FUERTÍSIMA. LE ENCANTA VER Y SER VISTE. MUY EXHIBICIONISTA. **Qué esperar:** SEXO INTENSO, VARIAS VECES EN EL DÍA, ¡Y EN TODOS LADOS! FANTASEAN CON HACERLO EN LUGARES PÚBLICOS. **Busca:** GENTE QUE NO TENGA MIEDO DE SER AVENTURERE; CON GANAS DE EXPLORAR Y CUMPLIR FANTASÍAS. **Le gusta:** DOMINAR Y QUE LE DOMINEN. DEPENDE DEL OTRE, PERO SIEMPRE ES MUY ADAPTABLE.

Amante trasgresore
Marte en Capricornio

ENERGÍA SEXUAL BASTANTE PODEROSA Y MUY *KINKY*. GRAN POTENCIA SEXUAL. **Qué esperar:** SEXO VARIAS VECES AL DÍA, MUCHO SEXO Y MUCHA APERTURA A COSAS NUEVAS, LO PROHIBIDO LE ATRAE. NO ES MAESTRE DEL FOREPLAY, LA VERDAD. **Busca:** GENTE ATREVIDA QUE LE HAGA CUMPLIR SUS FANTASÍAS DE HACER LO PROHIBIDO. **Le gusta:** DOMINAR Y HACER COSAS *KINKY* CON LE OTRE.

Amante experimental
Marte en Acuario

ENERGÍA SEXUAL MUY ABIERTA Y COMPARTIDA. MUY VOYERISTA Y EXPERIMENTAL. **Qué esperar:** SEXO REPENTINO, SEXO GRUPAL, JUEGOS SWINGERS, CONEXIÓN ESPIRITUAL A TRAVÉS DEL SEXO. **Busca:** GENTE ABIERTA DE MENTE; QUE NO TEMA A EXPERIMENTAR Y COMPARTIR; PROPUESTAS SEXUALES NUEVAS. **Le gusta:** DOMINAR Y QUE LE DOMINEN. AMA VER Y COMPLACER.

Amante camaleone
Marte en Piscis

ENERGÍA SEXUAL MUY CAMALEÓNICA Y COMPLACIENTE. **Qué esperar:** SEXO QUE SE MIMETIZA CON TUS NECESIDADES; SABE LEERTE MUY BIEN, HAY UNA CONEXIÓN ESPIRITUAL Y TAMBIÉN SEXO CASUAL. **Busca:** GENTE QUE SE DEJE COMPLACER, ABIERTA A EXPERIMENTAR COSAS NUEVAS CADA VEZ, Y GENTE CON BUENOS SENTIMIENTOS. **Le gusta:** QUE LE DOMINEN. AMA VER A LE OTRE DOBLARSE DE PLACER. GOZA A TRAVÉS DEL OTRE.

¡Fuego!
✶ Manténlo prendido ✶

¿Qué tipo de sexo tendrán según su Marte y tu Marte?

✧ Sexo ✦

_____+_____

TU MARTE   SU MARTE

Tu Marte ♂   ## Su Marte ♂ ✦

♈ INTENSO	♈ FOGOSO
♉ SENSUAL	♉ DURADERO
♊ DIVERTIDO	♊ DIFERENTE
♋ CARIÑOSO	♋ EMPÁTICO
♌ PASIONAL	♌ DOMINANTE
♍ CURIOSO	♍ SUCIO
♎ ROMÁNTICO	♎ DULCE
♏ PROHIBIDO	♏ MISTERIOSO
♐ AVENTURERO	♐ INTTRÉPIDO
♑ FUERTE	♑ DURO
♒ ORIGINAL	♒ DESCONOCIDO
♓ MÁGICO	♓ COMPLACIENTE

Marte, El Guerrero

MERCURIO, EL PENSADOR

 ## La forma en que pensamos, aprendemos y nos comunicamos

MI CIELE, ESTE TEMA TE INTERESA PORQUE MERCURIO TIENE QUE VER CON LA COMUNICACIÓN, Y YO SÉ QUE ERES BIEN CHISMOSE. MERCURIO ERA EL DIOS ENCARGADO DE LA COMUNICACIÓN, POR LO QUE SUENA SUPERLÓGICO QUE ESTE PLANETA INFLUYA DIRECTAMENTE EN LA MANERA EN QUE ACTUAMOS DENTRO DE LAS PRINCIPALES VÍAS DE COMUNICACIÓN EN ESTOS DÍAS: LAS REDES SOCIALES. SONARÁ RIDÍCULO, HERMANE, PERO SI SABES DÓNDE ESTÁ EL MERCURIO DE TU RUFIANE, ¡SABRÁS SI TIENE TENDENCIAS GHOSTEADORAS!

Pero eso no es todo, este grandioso planeta también nos revela muchísimo sobre el tipo de inteligencia de las personas: qué es lo que saben hacer bien y cómo aprenden mejor. Herrrma, ¿te imaginas que la SEP siguiera estos consejos que estoy a punto de darte? El sistema educativo no sería tan malo. Y tú que creías que la astrología nomás servía pa' saber quién podría ser el amor de tu vida. No, mi ciele, *12 corazones* te mintió.

Tip de bruje:

El Mercurio de cualquier persona siempre estará en el mismo signo que su Sol, en el anterior o el que sigue, pues este planeta es el más cercano al Sol en el sistema solar y su órbita es chiquita, así que solo le da chance de estar en esas posiciones. ¿Cómo te quedó el ojo, mana?

Mercurio y la inteligencia

Ya para estos tiempos debes saber, mi hermose, que la inteligencia no se mide con las calificaciones que sacas en la escuela porque, para empezar, es un sistema educativo obsoleto. Sorry por las matadas que sacaban puro diez. Mercurio es el planeta de la mente y por eso el tema de la inteligencia es importante, y como soy Mercurio en Piscis siento y sé que la inteligencia varía de persona en persona y no solo es matemática como nos acostumbraron. Hay muchas MUCHAS más. Así que... ¿qué tipo de inteligencia tiene y cómo aprende cada Mercurio? Lo veremos *right now*.

La mente inquieta
Mercurio en Aries

Tipo de inteligencia: CREATIVA, INVENTAR Y CREAR ES LO SUYO.

Sabe: HABLAR MUCHO, PERO SIN ESTRUCTURA. NO TIENE FILTROS. BUENE PA' CREAR, MALE PA' TERMINAR LO QUE EMPIEZA. TODO LO QUE SIGNIFIQUE UN RETO PARA ELLE LE MANTIENE INTERESADA Y DESPIERTE.

Aprende: HACIENDO LAS COSAS CON SUS MANOS, O SEA, DIBUJANDO Y EXPLORANDO. NO LE DES INSTRUCCIONES, PORQUE LAS VE COMO UN CASTIGO CASI CASI. DEJA QUE EXPLORE SOLITE.

Su lema: «¿POR QUÉ QUEDARME CALLADE, SI PUEDO HACER QUE MI VOZ CAMBIE LAS COSAS?».

La mente práctica
Mercurio en Tauro

Tipo de inteligencia: PRÁCTICA, RESOLVER COSAS ES LO SUYO.

Sabe: RESOLVER. BUENE PA' DECIDIR, MALE PA' ESCUCHAR OTRAS OPINIONES Y SER FLEXIBLE. PREFIERE PREGUNTAR QUE ASUMIR. NO LE GUSTA QUE LE CONTRADIGAN, ELLE TIENE ARGUMENTOS BUENÍSIMOS Y LETALES PARA TODA DISCUSIÓN.

Aprende: A TRAVÉS DE PREGUNTAS Y RESPUESTAS. A ESTE BEIBE SÍ LE FUNCIONAN LOS CUESTIONARIOS, PERO DEJA QUE ENCUENTRE LAS RESPUESTAS SOLITE. PONLE MEMORAMAS PARA QUE PRACTIQUE LA MEMORIA.

Su lema: «SI LAS COSAS FUNCIONAN BIEN ASÍ, ¿POR QUÉ HABRÍA DE CAMBIAR LA FÓRMULA?».

La mente brillante
Mercurio en Géminis

Tipo de inteligencia: SOCIAL, CONECTAR ES LO SUYO.

Sabe: COMUNICAR Y CONECTAR PERFECTAMENTE, APRENDE RÁPIDO Y ES AUTODIDACTA. ES MALE PA' TERMINA LO QUE EMPIEZA. PREFIERE HABLAR QUE ESCRIBIR. ODIA A LA GENTE CALLADA Y RESERVADA, PUES ELLE PUEDE HABLAR POR HORAS Y HORAS.

Aprende: HABLANDO CON Y ESCUCHANDO A LES DEMÁS. AMA TODO LO VISUAL, APRENDE VIENDO Y HACIENDO. PONLE VIDEOS O JUEGOS INTERACTIVOS DE REALIDAD VIRTUAL.

Su lema: «¿PA' QUÉ ME DIO DIOSITA BOQUITA, SI NO ES PARA HABLAR COMO PINCHE PERICO Y HACER AMIGUES?».

La mente emocional
Mercurio en Cáncer

Tipo de inteligencia: EMOCIONAL, ENTENDER LAS EMOCIONES ES LO SUYO.

Sabe: EMPATIZAR Y LEER MENTES. BUENE PA' DAR, MALE PA' PEDIR. PREFIERE ESCRIBIR, Y SI ES EN UN DIARIO, MUCHO MEJOR. AMA LA AMABILIDAD EN LAS PALABRAS DE LA GENTE Y DETESTA A LA GENTE QUEJUMBROSA.

Aprende: CON COSAS QUE YA CONOCE. SI LE QUIERES ENSEÑAR UN NUEVO TEMA, HAZLO CON ELEMENTOS QUE YA CONOZCA. LE CUESTA MUCHO ADAPTARSE A LO NUEVO. AMA COLOREAR, ASÍ QUE DALE TAREAS CREATIVAS.

Su lema: «HÁBLAME BONITO Y DESPACITO; PUES SI NO, SIENTO QUE ME ODIAS».

La mente creativa
Mercurio en Leo

Tipo de inteligencia: ARTÍSTICA, CREAR ARTE ES LO SUYO.

Sabe: TENER LA ÚLTIMA PALABRA. JAMÁS PASA DESAPERCIBIDE POR SU ENCANTO AL HABLAR Y LE ENCANTA EL MITOTE. PREFIERE HABLAR Y CONOCER QUE VER A ALGUIEN A TRAVÉS DE UNA PANTALLA. BUENÍSIME PARA CONTAR HISTORIAS.

Aprende: A TRAVÉS DE HABLAR Y EXPRESARSE CON SU CUERPA. PONLE A BAILAR, ACTUAR EN UNA OBRA O ALGO EN EL ESCENARIO Y TE PROMETO QUE APRENDE EN CHINGA.

Su lema: «¿SI NO VAS A SEGUIR MI CONSEJO, ENTONCES PA' QUÉ ME PREGUNTAS?».

La mente resolutiva
Mercurio en Virgo

Tipo de inteligencia: DE LA MEMORIA, CONOCER Y ORDENAR ES LO SUYO.

Sabe: MEMORIZAR CUALQUIER DATO. BUENE PARA SOLUCIONAR U OFRECER ESTRATEGIAS, MALE PARA DEJAR PASAR LOS ERRORES DE LES DEMÁS O LOS SUYOS. HABLA CLARA Y CONCISAMENTE, PERO SOLO UNA VEZ PORQUE LE CAGA REPETIR LAS COSAS.

Aprende: A TRAVÉS DEL ORDEN Y DE LA ORGANIZACIÓN. PONLE ALGUNA DINÁMICA QUE INVOLUCRE UN ROMPECABEZAS O UN ACERTIJO. AMA RESOLVER Y LLEGAR AL FINAL DE LAS COSAS. LOS JUEGOS DE MISTERIO SON UN SUPERSÍ PARA ELLE.

Su lema: «SI LO VAS A HACER MAL, MEJOR NO LO HAGAS».

La mente equilibrada
Mercurio en Libra

Tipo de inteligencia: ESTÉTICA, ENTENDER Y TRANSFORMAR LA BELLEZA ES LO SUYO.

Sabe: DARLE VOZ A AQUELLES QUE NO LA TIENEN, LLEGAR A ACUERDOS Y ESCOGER PALABRAS ADECUADAS PARA NO HERIR SUSCEPTIBILIDADES. BUENE PA'L DEBATE, MALE PA' ESCOGER UN BANDO.

Aprende: INTERACTUANDO CON LES DEMÁS. JÚNTALE EN ACTIVIDADES CON OTRES NIÑES PARA QUE APRENDA DE OTRAS OPINIONES Y LE SEA MÁS FÁCIL RESOLVER LOS PROBLEMAS DE LA VIDA. LOS TRABAJOS EN EQUIPO SON PARA ELLE.

Su lema: «HAY QUE ESCUCHAR SIEMPRE EL OTRO LADO DE LA HISTORIA ANTES DE JUZGAR».

La mente profunda
Mercurio en Escorpio

Tipo de inteligencia: INTRAPERSONAL, ENTENDER LO PROFUNDO DEL SER ES LO SUYO.

Sabe: CONECTAR DE MANERA PROFUNDA CON LA GENTE. BUENE PA' LA INVESTIGACIÓN, MALE PA' DESAPEGARSE RÁPIDAMENTE DE UN SENTIMIENTO EN PARTICULAR. PREFIERE RELACIONARSE DE LEJITOS CON LES DEMÁS, ES DESCONFIADE.

Aprende: CON LAS EMOCIONES. SIEMPRE BUSCA HACER LO QUE LE HAGA FELIZ, DE LO CONTRARIO SE LE VA LA MOTIVACIÓN Y NO QUERRÁ CONTINUAR. APRENDE MEJOR SOLITE QUE EN GRUPO, ASÍ SE CONCENTRA MÁS Y MEJOR.

Su lema: «TENER SECRETOS NO ES MALO, ES NECESARIO».

La mente expansiva
Mercurio en Sagitario

Tipo de inteligencia: EXPERIMENTAL, APRENDER A TRAVÉS DE LA EXPERIENCIA ES LO SUYO.

Sabe: CLAVARSE EN UN TEMA Y HACER UNA TESIS DE LO QUE APRENDIÓ. BUENE PARA ENSEÑAR, MALE PA' TENER TACTO CON SUS ALUMNES.

Aprende: EXPLORANDO LOS ALREDEDORES. ESTE BEIBE NO SE QUEDARÁ SENTADE UNA HORA HACIENDO ACTIVIDADES REPETITIVAS, ¡SE ABURRE RÁPIDO! PREPARARLE VARIAS ACTIVIDADES PARA QUE NO EXPLOTE. PERMÍTELE COMPLETAR UNA TAREA Y LUEGO DEJA QUE VAYA A DESCUBRIR EL MUNDO.

Su lema: «TE VOY A DECIR LO QUE OPINO, PERO TE VAS A AGUANTAR. NADA DE LLORAR».

La mente enfocada
Mercurio en Capricornio

Tipo de inteligencia: ESTRATÉGICA, HACER PLANES Y NEGOCIOS ES LO SUYO.

Sabe: HABLAR CON HONESTIDAD, DE FRENTE Y SIN RODEOS. BUENE PA' CRITICAR A LES DEMÁS, MALE PA' RECIBIR CRÍTICA CONSTRUCTIVA. NO LE QUITES EL TIEMPO DÁNDOLE VUELTAS A UN ASUNTO SENCILLO DE RESOLVER, SE DESESPERA.

Aprende: ESTE BEBÉ HACE TODO A SU RITMO. LE ENCANTA ARMAR COSAS QUE DUREN, ASÍ QUE UNA CLASE DE CERÁMICA, MADERA U OTRO MATERIAL DURADERO ES LA OPCIÓN PARA OBTENER CONOCIMIENTO.

Su lema: «SI YA SABES CÓMO SOY Y CÓMO DIGO LAS COSAS, ¿PA' QUÉ ME PREGUNTAS?».

La mente futurista
Mercurio en Acuario

Tipo de inteligencia: HUMANITARIA, CREAR SOLUCIONES PARA LA COMUNIDAD ES LO SUYO.

Sabe: CONECTAR CON LA VERDAD DE LAS COSAS Y OFRECER UNA VISIÓN AMPLIA DE LA VIDA Y LA UNIVERSA. BUENE PA' PENSAR SOLUCIONES DIFERENTES, MALE PA' RECONOCER FORMAS DE PENSAR DISTINTAS A LA SUYA.

Aprende: INVENTANDO COSAS O EXPLORANDO TECNOLOGÍAS NUEVAS, YA SEA EN GRUPO O EN SOLITARIO. LE AGARRA LA ONDA LUEGO LUEGO A LA TECNOLOGÍA PORQUE ODIA LO OBSOLETO. APRENDE MUY BIEN LO MATEMÁTICO.

Su lema: «SOLO QUIEN PIENSE DIFERENTE PODRÁ SOBREVIVIR AL FUTURO QUE NOS ESPERA».

La mente iluminada
Mercurio en Piscis

Tipo de inteligencia: INTERPERSONAL, ENTENDER Y EMPATIZAR CON LE OTRE ES LO SUYO.

Sabe: ENTENDER LOS SENTIMIENTOS DE LES DEMÁS. CASI QUE ESTE BEIBE SABE LEER MENTES, PERO CREE QUE TAMBIÉN PUEDEN LEER LA SUYA. BUENE PARA ESCUCHAR, MALE PARA PEDIR AYUDA. PREFIERE PINTAR QUE ESCRIBIR.

Aprende: A TRAVÉS DE LO ARTÍSTICO, COMO LA PINTURA Y LA MÚSICA. AMA LA FANTASÍA, ASÍ QUE CUALQUIER COSA QUE LE HAGA HUIR DE LA REALIDAD LA VA A ENTENDER A LA PERFECCIÓN. SE ABURRE RÁPIDO, ASÍ QUE ENSÉÑALE A ACABAR LAS COSAS QUE EMPIEZA.

Su lema: «EXPRESARSE DESDE EL CORAZÓN ES LA CLAVE DE LA VIDA».

✦ Nota sobre Mercurio retrógrado ✦

HERRRMANE, YO SÉ QUE QUIERES SABER TODO SOBRE ESTE TEMA, PORQUE ES SUPERSONADO, Y CREO QUE ES EL MÁS TEMIDO Y MAL COMPRENDIDO POR TODA LA GENTE ALLÁ AFUERA. PRIMERO LO PRIMERO, MIJE. NO ES COMO QUE MERCURIO PUEDA IR DE REVERSA Y POR ESO ES RETRÓGRADO. LA VERDAD ES QUE ES UNA ILUSIÓN ÓPTICA EN LA QUE PARECE QUE GIRA HACIA EL OTRO LADO, Y POR ESO SE LE DA LA PROPIEDAD DE QUE ESTÁ RETRÓGRADO.

Fun fact: no solo Mercurio puede estar retrógrado, también otros planetas. Mercurio retrógrado entra unas tres veces cada año. Aquí es donde dices: «¿QUÉEE? PERO ¿POR QUÉ TRES VECES AL AÑO, NENAAA? CON UNA BASTAAA». Bueno, entra tres veces retrógrado al año porque es pequeñito y es el más cercano al Sol, así que su órbita es corta. Basándonos en el hecho de que es el planeta de la comunicación, la conexión, la mente y el conocimiento, es supercomún que cuando retrograda las cosas en cuanto a comunicación, se pongan raras. Ojo, no hay necesidad de temerle y te prometo que antes de saber de la existencia de este rufiane retrógrade vivías tu vida como si nada, sintiendo el flujo «normal» de la vida. Con altibajos, como la de cualquiera, y resolvías tus pedos normalmente. Que Mercurio esté retrógrado no significa que sea el fin del mundo.

Solo indica que hay que poner un poco más de atención a los temas que tengan que ver con la comunicación y ya. Así que deja de tenerle terror a Mercurio retrógrado y mejor pon atención a las cosas que cambian cuando lo está para trabajarlas y ser mejor persona. Es supercomún que en Mercurio retrógrado malentendamos con más facilidad los mensajes de los demás. A veces también las transferencias de dinero se atrasan un poco. Las redes sociales usualmente se caen y se nos olvidan con más facilidad las cosas porque no hacemos *double check*. En lo personal, jamás me da miedo Mercurio retrógrado, y cuando pasa no cambio nada de mi día a día. Si las redes sociales se caen, pues soy paciente y ya. Si se me olvida algo en casa, veo cómo lo resuelvo. Si se malinterpretan las cosas, las aclaro y ya. No le tengas miedo a Mercurio retrógrado, la clave está en fluir con los cambios u obstáculos que te presente ese planetita rufián. Y tener la info que te presento en este capítulo te va a ayudar a evitar esos malentendidos o, por lo menos, a aminorar su coletazo.

Mercurio y la forma de viajar

Haz memoria, hermane. En las vacaciones familiares o en el viaje de tu gra-
duación, ¿recuerdas cómo todos jalaban a actividades diferentes porque a
algunes les gustaba más la playa y a otres empedarse en la alberca? Esto
es gracias a nuestro Mercurio, que dicta la manera en que nos gusta viajar.
De seguro el Mercurio de les que se empedaban hasta morir eran iguales o
compatibles, mientras que los de *team* playa lo tenían en Cáncer. Y acá te
va un consejo que te doy porque tu amiga Mika soy: si eres buene entende-
dore, sabrás que la forma en que a alguien le gusta viajar es la forma en que
le gusta vivir. ¡Ámonos!

Mercurios que aman la playa: Aries, Géminis, Cáncer, Leo, Virgo, Libra, Sagitario y Piscis.

Mercurios que acampan en el bosque y la montaña: Aries, Tauro, Cáncer, Escorpio, Sagitario y Acuario.

Mercurios que van a destinos muy históricos: Cáncer, Virgo, Escorpio, Capricornio y Acuario.

Mercurios de las grandes ciudades: Aries, Géminis, Leo, Libra, Sagitario, Capricornio y Piscis.

Mercurios que aman el frío y la nieve: Tauro, Virgo, Escorpio, Capricornio y Acuario.

¿QUIERES QUE SEA MÁS ESPECÍFICA? AHÍ TE VA. DIGAMOS QUE TODES VAN A UN MISMO DESTINO, ESTOS SON LOS SIGNOS QUE JALAN A COSAS EXTREMAS Y LOS QUE PREFIEREN RELAJARSE EN UN TEMAZCAL.

Mercurios que andan de turistas pueblando: Géminis, Cáncer, Virgo, Libra, Escorpio, Sagitario, Capricornio, Acuario y Piscis.

Mercurios que buscan la aventura: Aries, Géminis, Leo, Libra, Sagitario, Acuario y Piscis.

Mercurios que nomás descansan y duermen: Tauro, Cáncer, Leo, Virgo, Capricornio, Acuario y Piscis.

Mercurios que prefieren experiencias espirituales: Cáncer, Libra, Escorpio, Acuario y Piscis.

Mercurios que prefieren experiencias culinarias: Tauro, Cáncer, Virgo, Sagitario y Piscis.

Mercurios que prefieren ir de shopping: Tauro, Géminis, Leo, Libra, Escorpio y Capricornio.

Mercurio y las redes sociales

Ahora sí, mi ciele, si Mercurio rige la comunicación, no podemos pasar por alto los canales de comunicación más usados por todes: las redes sociales. Así es, hermane, ¿no te ha pasado que a pesar de que une de tus amigues comparte signo zodiacal contigo, su bio de Instagram es diferente a la tuya? Lo más probable es que su Mercurio sea diferente al tuyo y por eso ve ese portal de comunicación de manera distinta. Las palabras que escoges para comunicarte están definidas por tu Mercurio, y lo podemos notar en pequeños detalles, como que unes usamos emojis hasta en el correo que enviamos al cliente, mientras que otros no los usan porque sienten que les restan seriedad.

A CONTINUACIÓN TE VOY A DAR EJEMPLOS DE CÓMO DETECTAR MERCURIOS CON SOLO VER SUS BIOS DE INSTAGRAM O SUS TUITS, QUÉ ESPERAR QUE TE CONTESTEN CUANDO MANDAS WHATSAPP, Y QUIÉN TE VA A DEJAR GHOSTEADE.
¡LUEGO NO DIGAS QUE NO TE AVISÉ!

Mercurio en Aries
@chique_sinfiltros

Instagram

Contenido: SU BIO ES «ASÍ SOY Y NI MODO», O ALGO MUY AL ESTILO DE: «I'M FUCKING CRAZY». SU *FEED* ESTÁ LLENO DE FOTOS DE SUS VIAJES, AMIGUES, ATARDECERES, PERRHIJOS O DE ELLE HACIENDO CARAS GRACIOSAS. UNO QUE OTRO *REEL* DE ELLE HACIENDO ALGO RIDÍCULO; SUS MEJORES MOMENTOS DE LA INFANCIA Y UN POCO DE MODA.

Para interacción más chida: COMÉNTALE SUS POSTS CON EMOJIS CHIDOS COMO FLAMAS. PUNTOS EXTRAS SI USAS EL CORAZÓN CON FLAMITAS PARA LIGUE. TE VA A CONTESTAR EN CHINGA PORQUE NO ES PACIENTE. ETIQUÉTALE EN *STORIES* CON MEMES.

- -

WhatsApp *(O MENSAJES DE TEXTO)*

Elle: ESCRIBE CON MUCHOS EMOJIS Y UTILIZA STICKERS CAGADOS. SI LLEGA A USAR NOTAS DE VOZ, SUELEN SER MUY BREVES.

Tú: CONTESTA RÁPIDO O SE DESESPERARÁ Y TE VA A RECLAMAR. NO MANDES TANTAS NOTAS DE VOZ, MEJOR MANDA STICKERS Y CHINGOS DE EMOJIS.

Usa estos emojis con elle:

Ghostea: NUNCA.

- -

Twitter

Lo usa para: CAUSAR CONTROVERSIA, QUEJARSE DE TODO Y DISCUTIR CON LOS TROLLS.

Mercurio en Tauro
@bebeshita_mosha

Instagram

Contenido: SU BIO TIENE EL EMOJI DE PLANTITA Y UNA LISTA ENTERA DE TODOS SUS TALENTOS. EN SU *FEED* HAY FOTOS DE PLANTAS, VIAJES, MOMENTOS CON SUS MEJORES AMIGUES Y MUCHOS POSTS DE ELLE RECIBIENDO PREMIOS. TAMBIÉN HAY *REELS* DE SUS RUTINAS DE *SKIN CARE* Y *MAKE UP*.

Para interacción más chida: COMÉNTALE SUS POSTS, PERO NADA MÁS UNO. SI ERES INTENSE, SE VA A SACAR DE ONDA. NADA DE DM, A MENOS QUE CREAS QUE SU POST DE PLANTAS ES GENUINAMENTE INTERESANTE PARA TI. SI NO TE CONTESTA NO ES PORQUE SE LE OLVIDÓ, ES PORQUE NO LE INTERESAS, SORRY.

. . . .

WhatsApp (O MENSAJES DE TEXTO)

Elle: TE ESCRIBE PÁRRAFOS CLAROS Y CONCISOS. USA SOLO UN EMOJI PARA TODO. NO MANDA NOTAS DE VOZ PORQUE SIEMPRE SE TRABA AL HABLAR. NO LE DA VUELTAS AL ASUNTO.

Tú: USA SOLO UN PÁRRAFO PARA EXPLICAR TODAS TUS IDEAS. PUEDES UTILIZAR STICKERS O EMOJIS, PERO NO VULGARES. LE DA IGUAL SI LE RESPONDES DOS HORAS DESPUÉS.

Usa estos emojis con elle:

Ghostea: JAMÁS.

. . . .

Twitter

Lo usa para: STALKEAR A SU CRUSH Y SEGUIR CUENTAS DE RECETAS, PLANTAS Y ESAS COSAS.

Mercurio en Géminis
@radiopasillo

Instagram

Contenido: SU BIO ES UN DESMADRE Y LA CAMBIA CUANDO CAMBIA DE PERSONALIDAD; UN DÍA ES BRUJE, Y EL OTRO, CREADORE DE CONTENIDO. TIENE EL SIMBOLITO DE GÉMINIS EN SU BIO. SU *FEED* ESTÁ REPLETO DE FOTOS DE ELLE MISME, CON TODOS SUS CUMPLEAÑOS DOCUMENTADOS. HACE RETOS DE BAILE, PERO TAMBIÉN SUBE MEMES Y COSAS ARTÍSTICAS MIL.

Para interacción más chida: ES MAESTRE DE LA COMUNICACIÓN, ESCRÍBELE POR LA VÍA QUE GUSTES. ETIQUÉTALE O MÁNDALE MEMES, PORQUE LO AMA. SI ERES GRACIOSE Y LE HACES REÍR, TIENES PUNTOS EXTRAS. NO TE ACHICOPALES SI TE DEJA EN VISTO, APLÍCASELA DE VUELTA PA' QUE APRENDA.

- -

WhatsApp (O MENSAJES DE TEXTO)

Elle: ESCRIBE EN CHINGA Y CON FALTAS DE ORTOGRAFÍA PORQUE SOLO LE INTERESA TRANSMITIR EL MENSAJE. MANDA NOTAS DE VOZ TIPO PÓDCAST. USA STICKERS CHISTOSOS, SUBIDOS DE TONO Y QUE, ADEMÁS, SE MUEVAN.

Tú: ADELANTE CON LAS NOTAS DE VOZ. MÁNDALE STICKERS CHISTOSOS. PUEDES NO CONTESTARLE Y NO SE VA OFENDER, PORQUE ELLE HACE LO MISMO.

Usa estos emojis con elle: 🤨 🙃 🐒 😲

Ghostea: DURÍSIMO.

- -

Twitter

Lo usa para: ENTERARSE DE LAS COSAS ANTES QUE NADIE Y PARA MIGRAR MEMES DE UNA RED SOCIAL A OTRA.

Mercurio, El Pensador

Mercurio en Cáncer
@sirena_lunatica

Instagram

Contenido: SU BIO TIENE FRASES INSPIRADORAS RELACIONADAS CON LA ESPIRITUALIDAD Y LA MAGIA. USA LOS SÍMBOLOS DE SUS *BIG THREE*, PORQUE SE LOS SABE DE MEMORIA. SU *FEED* ESTÁ LLENO DE FOTOS FAMILIARES, SOBRE TODO DE SU INFANCIA. HAY *REELS* DE SUS MASCOTAS. MUY POCA SELFIE, PERO MUCHO PAISAJE.

Para interacción más chida: NO TE HAGAS EL GRACIOSITE. NO TOLERAN A LA GENTE INVENTADA, MEJOR HÁBLALES DE TU MASCOTA Y DE CÓMO NO PUEDES VIVIR SIN ELLA. SIEMPRE ESTÁN A LA DEFENSIVA; NO LE VAYAS A MANDAR UN MENSAJE QUE NO ERA PARA ELLES PORQUE SE CREAN IDEAS QUE NI AL CASO.

- -

WhatsApp (O MENSAJES DE TEXTO)

Elle: TE ESCRIBIRÁ DIARIO SI ERES SU AMIGUE O SU CRUSH, Y TE DARÁ LOS BUENOS DÍAS Y LAS BUENAS. ENVÍA NOTAS DE VOZ LARGAS, PERO NOMÁS UNA AL DÍA. TERMINA SUS MENSAJES CON EMOJIS.

Tú: NUNCA TARDES MUCHO EN RESPONDERLE. MÁNDALE STICKERS NUEVOS DE GATITOS O PERRITOS. NI SE TE OCURRA ESCRIBIR CON PURAS MAYÚSCULAS PORQUE PENSARÁ QUE LE ESTÁS GRITANDO.

Usa estos emojis con elle: 🧶🍪🐢🌚

Ghostea: NUNCA.

- -

Twitter

Lo usa para: SEGUIR CUENTAS DE ASTRÓLOGUES, Y DESAHOGARSE CUANDO LE ROMPEN EL CORA.

Mercurio en Leo
@la_unica

Instagram

Contenido: EN SU BIO ESTÁN LAS PALABRAS «ARTISTE» Y «CREADORE». TIENE UNA FRASE ESCRITA EN CURSIVAS DE SU CANCIÓN FAV. ES SU RED SOCIAL PREDILECTA PORQUE ES UNA VITRINA PARA SUS SELFIES FAVORITAS, PERFECTAMENTE EDITADAS. NO FALTARÁN LAS FOTOS DE ELLE EN UNA GALERÍA DE ARTE O MUY POSONE EN UNA FIESTA.

Para interacción más chida: REACCIONA A SUS STORIES Y COMENTA SUS SELFIES LO MÁS QUE PUEDAS. SI LE MANDAS DM, TENDRÁS TODA SU ATENCIÓN. TE GANARÁS SU CARIÑO CON COMENTARIOS CHIDOS ACERCA DE SU TRABAJO, DE SU ARTE O DE SU OUTFIT.

WhatsApp (O MENSAJES DE TEXTO)

Elle: ESCRIBE NOMÁS CUANDO QUIERE ALGO. SÍ, ES ESA PERSONA. ESCRIBE SOLO CON LOS EMOJIS QUE LE REPRESENTAN. MANDA NOTAS DE VOZ CORTITAS. TIENE STICKERS DE SU CARA Y NO DUDARÁ EN USARLOS.

Tú: DALE SIEMPRE LOS BUENOS DÍAS. SI TE ESCRIBE PRIMERO, CONTÉSTALE EN CHINGA. NO ES DE CONVERSACIONES LARGAS, ASÍ QUE NO TE PREOCUPES. APRECIA UN CHINGO QUE LE MANDES STICKERS NUEVOS CON SU CARA.

Usa estos emojis con elle: 🤩 🤤 🫶 😂

Ghostea: A VECES.

Twitter

Lo usa para: OPINAR DE TODO LO QUE SE LE OCURRA (AUNQUE NO TENGA RAZÓN).

Mercurio en Virgo

@yo_teayudo

Instagram

Contenido: EN SU BIO ESTÁN TODAS LAS COSAS A LAS QUE SE DEDICA, PORQUE NUNCA SABE QUIÉN PUEDE NECESITAR DE SUS SERVICIOS. ESTÁ OBSESIONADE CON QUE TODO CUADRE, Y POSTEA DE TRES EN TRES PARA QUE SU FEED TENGA ORDEN. TODO LO QUE COMPARTA TIENE UN SIGNIFICADO.

Para interacción más chida: PUEDES ENVIARLE DM DIRECTO. NO TE SORPRENDAS SI ESCRIBES UN COMENTARIO EN SUS POSTS Y RECIBES NOMÁS UN LIKE. SI NO LE INTERESAS, TE ENTERARÁS, CRÉEME. NO USA TANTOS EMOJIS, ASÍ QUE NO TE ESPANTES SI CONTESTA CON UN SECO «OK».

- -

WhatsApp (O MENSAJES DE TEXTO)

Elle: ENVÍA NOTAS DE VOZ CUANDO ES INDISPENSABLE. EXCELENTE ORTOGRAFÍA. JAMÁS USA EMOJIS Y, SI LO HACE, NO DAN RISA. DE ESOS QUE DICES: «¿A POCO TODAVÍA EXISTEN ESOS…?». NO SABE QUÉ SON LOS STICKERS.

Tú: VE DIRECTO AL GRANO EN LOS MENSAJES QUE LE ENVÍES. NO PASA NADA SI NO USAS EMOJIS O STICKERS, LE DA IGUAL. NO VA A MALINTERPRETAR NADA. NO DEJES INFORMACIÓN INCONCLUSA, PORQUE ODIA LA INCERTIDUMBRE.

Usa estos emojis con elle: 🧐 😳 😗 😶

Ghostea: NO, ESO ES DE MENSES.

- -

Twitter

Lo usa para: CRITICAR A LES DEMÁS EN TODO LO QUE HACEN MAL.

Mercurio en Libra

@amoramoramor

Instagram

Contenido: SU BIO TIENE UNA FRASE MAMALONA, UN PEDAZO DE UNA CANCIÓN O ALGO POR EL ESTILO; TÍTULOS DE LUCHADORE SOCIAL O ALGO MUY DESGARRADOR REFERENTE AL AMOR CON LETRAS CURSIVAS. EL ÚNICO OBJETIVO DE SU *FEED* ES CAUSAR ENVIDIA Y VERSE MUY #AESTHETIC. TIENE FOTOS PRECIOSAS, Y ESTÁN ACOMODADAS POR ÇOLOR.

Para interacción más chida: AMARÁ QUE LE REACCIONES A SUS *STORIES*, PORQUE SE LA VIVE IDEALIZANDO A LAS PERSONAS Y LOS VÍNCULOS AMOROSOS QUE PODRÍA FORMAR. REACCIONARÁ A TU CONTENIDO INMEDIATAMENTE, PORQUE LE ENCANTA EL COQUETEO, PERO DE REPENTE TE PUEDE *GHOSTEAR*.

· ·

WhatsApp (O MENSAJES DE TEXTO)

Elle: ESCRIBE CON UN CHINGO DE EMOJIS Y CON MUCHA EMOCIÓN. TIENE LOS MEJORES STICKERS Y SABE USARLOS CUANDO ES NECESARIO. MANDA NOTAS DE VOZ CUANDO HAY MUCHO CHISME.

Tú: NO USES PALABRAS EN MAYÚSCULAS PORQUE VA A CREER QUE LE ESTÁS GRITANDO. USA EMOJIS MIL, STICKERS AL POR MAYOR Y CUÉNTALE CHISMECITOS PADRES.

Usa estos emojis con elle:

Ghostea: ES LE DIOSE DEL GHOSTEO.

· ·

Twitter

Lo usa para: COMPARTIR MÚSICA, AUNQUE ESTA RED SOCIAL LA VE COMO UNA EXTENSIÓN DE SU INSTA VERDADERAMENTE.

Mercurio, El Pensador

Mercurio en Escorpio
@sociedad_secreta

Instagram

Contenido: EN SU BIO HAY SÍMBOLOS RAROS O UNA FRASE ESCRITA AL REVÉS, PORQUE ES CHIQUE MISTERIOSE. SU FEED ESTÁ MEDIO VACÍO, NUNCA VERÁS FOTOS DE SU FAMILIA O SU PAREJA, PORQUE ESO ES ALGO SUPERPRIVADO. SI SE DEDICA A UN TIPO DE ARTE, LO VERÁS POSTEADO JUNTO A FRASES OSCURAS Y ASÍ.

Para interacción más chida: ESTÁ ACOSTUMBRADE A SER ELLE QUIEN BUSQUE LA CONEXIÓN, PERO SI TE REACCIONA UNA STORY, CONSIDÉRALO COMO UNA LUZ VERDE PARA INTERACTUAR. NO ES MAMONE, ES PRECAVIDE.

· ·

WhatsApp (O MENSAJES DE TEXTO)

Elle: ESCRIBE CUANDO QUIERE ENTERARSE DE ALGO. USA SIEMPRE LOS MISMOS EMOJIS. VA A COMUNICAR SUS IDEAS EN VARIOS PÁRRAFOS PORQUE LO QUE QUIERE COMUNICAR ES PROFUNDO. MANDA POCAS NOTAS DE VOZ, PERO SON LARGAS.

Tú: ESCRÍBELE LO QUE QUIERAS, CUANDO QUIERAS, Y SIEMPRE VA A ESTAR DISPONIBLE. ES MUY EMPATIQUE, PERO SI NECESITA DE TU AYUDA, DEBES CONTESTARLE EN CHINGA PORQUE, ASÍ COMO ESTUVO PA' TI, TÚ TIENES QUE ESTAR PARA ELLE.

Usa estos emojis con elle:

Ghostea: NEVER IN THE LIFE.

· ·

Twitter

Lo usa para: STALKEAR Y TROLLEAR A OTRAS CUENTAS QUE NO DEBEN EXISTIR, SEGÚN ELLE.

Mercurio en Sagitario
@chsm_loquesea

Instagram

Contenido: EN SU BIO HAY UNA FRASE CAGADA O UN APODO QUE ELLE MISME SE PUSO. ADEMÁS DE COMEDIA, EN SU PERFIL HAY FOTOS FAMILIARES, DE SUS VIAJES POR EL MUNDO Y *REELS* DE NUEVOS PROYECTOS O DE SU CARITA PRECIOSA. NO POSTEA MUCHO, PERO COMPARTE *STORIES* GRACIOSAS.

Para interacción más chida: ENVÍALE MEMES O REACCIONA A UNA STORY SUYA CON UN CHISTE. HACE AMIGOS EN CHINGA PORQUE LA GENTE QUEDA CAUTIVADA CON SU BUENA ONDA. DESPUÉS DE LA PRIMERA INTERACCIÓN TE VA A DAR UN CHINGO DE *LIKES* EN TUS POSTS Y TE VA A ECHAR MUCHAS PORRAS.

WhatsApp (O MENSAJES DE TEXTO)

Elle: SIEMPRE ESCRIBE IDEAS INCOMPLETAS. HAY QUE PREGUNTARLE TODO PARA QUE SAQUE BIEN LA SOPA. USA *STICKERS* GRACIOSOS Y UN CHINGO DE EMOJIS. TIENE UN CHINGO DE ERRORES DE ORTOGRAFÍA POR DEDAZOS.

Tú: NO ESCRIBAS PÁRRAFOS LARGOS, A MENOS DE QUE QUIERAS PELEAR. SEPARA LAS IDEAS Y LLENA DE EMOJIS Y STICKERS ENTRE TEMAS PARA QUE LE SEA MÁS FÁCIL RETENER LA INFORMACIÓN.

Usa estos emojis con elle: 🤭 😋 😬 🥴

Ghostea: CUANDO LE VALE MADRES.

Twitter

Lo usa para: DESAHOGARSE DE LES PENDEJES EN SU VIDA Y DE SUS AVENTURAS.

Mercurio, El Pensador

Mercurio en Capricornio
@sinocompranopregunte

Instagram

Contenido: SOLO HACE NEGOCIOS. SU BIO SE VE ASÍ: PRECIO, INFO DM, DÓNDE ENTREGA, ETC. SI QUIERE SOCIALIZAR USA SU CUENTA ALTERNA, DONDE PUBLICA SOBRE SU VIDA PRIVADA, PERO SU *FEED* NOMÁS TIENE TRES POSTS DEL 2014. EN LA CUENTA DE NEGOCIOS NO PUBLICA SUS PRECIOS PORQUE NO ES MENSE.

Para interacción más chida: SI TE INTERESA LO QUE OFRECE, SÉ CLARE Y DIRECTE. SI REACCIONAS A SU STORY, NO VA A RESPONDERTE CON UN «HOLAAAA», SINO CON PRECIO Y NÚMERO DE CUENTA PA' QUE DEPOSITES.

· ·

WhatsApp (O MENSAJES DE TEXTO)

Elle: SIEMPRE ES EDUCADE AL ESCRIBIR. NO USA TANTOS EMOJIS PORQUE ALGUNOS SE LE HACEN RIDÍCULOS. STICKERS TIENE, PERO POQUITOS. MANDA NOTAS DE VOZ CONCRETAS. SABE CORTAR LA CONVERSACIÓN DE MANERA MUY DIPLOMÁTICA.

Tú: SÉ CLARO CON LO QUE BUSCAS. SI PREGUNTAS ALGO QUE YA TE DIJO, VAS A RECIBIR COMO RESPUESTA UN REENVIADO DEL MENSAJE QUE TE ESCRIBIÓ PREVIAMENTE. SIEMPRE SALUDA Y DESPÍDETE.

Usa estos emojis con elle: 🤑 🙂 😏 😐

Ghostea: NO ESTÁ EN SU VOCABULARIO.

· ·

Twitter

Lo usa para: NOMÁS POR COMPROMISO, PORQUE TIENE COSAS MÁS IMPORTANTES QUE HACER QUE CHISMEAR.

Mercurio en Acuario
@salva_al_planeta

Instagram

Contenido: SU BIO ESTÁ VACÍA O TIENE UNA CITA DE UN AUTORE QUE NADIE CONOCE. SU *FEED* ESTÁ LLENO DE COSAS ESTÉTICAMENTE BIZARRAS. RARA VEZ PUBLICA *SELFIES*, PERO USA SUS *STORIES* PARA COMPARTIR EL SENTIR COLECTIVO, ALGUNA CAUSA SOCIAL O UNA REUNIÓN CON AMIGOS CERCANOS.

Para interacción más chida: AUNQUE ESTÁ A FAVOR DE LAS CONEXIONES EN LA VIDA REAL, CUANDO CREA UNA CONEXIÓN CHIDA EN REDES ES PORQUE SIENTE QUE INTELECTUALMENTE ESTÁN EN EL MISMO CANAL. A LES PRESUMIDES LES IGNORA DURÍSIMO.

- -

WhatsApp (O MENSAJES DE TEXTO)

Elle: COMPARTE INFORMACIÓN DE OTRAS REDES POR WHATSAPP PORQUE QUIERE QUE ANDES INFORMADE. ESCRIBE POCO, PREFIERE PASARTE FOTOS DE LA PEDA A LA QUE FUERON JUNTOS. ES TU DEALER DE STICKERS DE CONFIANZA. NOTAS DE VOZ MUY BREVES Y ESCASAS.

Tú: YA SEA QUE LE MANDES NOTAS DE VOZ, PUROS STICKERS O TEXTO, SIEMPRE TE VA A CONTESTAR. NO TE DESESPERES SI DEJA DE CONTESTAR, CASI SIEMPRE SE AÍSLA, SE LE VA EL PEDO Y NO PELA EL CELULAR.

Usa estos emojis con elle: 😄 🥴 🤤 😶

Ghostea: SOLO CUANDO ANDA EN OTRO ROLLO.

- -

Twitter

Lo usa para: SEGUIR TEMAS POLÍTICOS Y CONTROVERSIALES.

Mercurio, El Pensador

Mercurio en Piscis

@gaticornio_rosa

Instagram

Contenido: LA BIO DE ESTA «BRUJE DE NEPTUNO» HACE REFERENCIA A LA FUERZA Y LA MAGIA DEL AMOR. EN SU *FEED* ESTÁN LAS FOTOS DE SU ÚLTIMA PEDA, DE SU FAMILIA, DE LA NATURALEZA Y DE ANIMALES; OUTFITS MÁGICOS Y LOS OJOS MÁS BONITOS DEL ZODIACO. MUCHAS *STORIES* DE ELLE CONTANDO COSAS MUY PERSONALES.

Para interacción más chida: BUSCAN VIBRAS BONITAS, SI TE QUIERES HACER LE CHISTOSE, SENTIRÁS SU INDIFERENCIA. USA EMOJIS PARA COMENTARLES SUS POSTS Y AL MANDARLES DM, O VAN A PENSAR QUE TE CAEN MAL.

- -

WhatsApp (O MENSAJES DE TEXTO)

Elle: ESCRIBE MIL IDEAS A LA VEZ, Y CON ERRORES ORTOGRÁFICOS POR DEDAZOS. MANDA CADA TEMA POR SEPARADO Y NO USA NOTAS DE VOZ, A MENOS QUE SEA MUY NECESARIO. SE LE OLVIDA DESPEDIRSE.

Tú: INDISPENSABLE QUE LE COMPARTAS STICKERS QUE ELLE NO TENGA AÚN. ES MUY EMPÁTIQUE Y POR ESO CONECTARÁ RÁPIDO CONTIGO, PERO NO ESPERES PLATICAR HORAS POR MENSAJE, ESO LES ABURRE EN CHINGA.

Usa estos emojis con elle:

Ghostea: CUANDO SE ABRUMA. 😗 🫢 😕 😃

- -

Twitter

Lo usa para: SEGUIR A SU CRUSH Y VER UN CHINGO DE MEMES. TUITEA COSAS MUY PERSONALES.

Nota final

Mi beibe adorade, ojalá te haya gustado este hermoso camino astral que recorrimos juntos. Espero que haya sido una buena guía, te haya sacado de un chingo de dudas que tenías y, sobre todo, te sirva para llevarte mejor contigo y con las personas que te rodean. Verás que entender a les otres será más fácil si tomas en cuenta los consejos que con todo mi cora te compartí en estas páginas.

Recuerda que cada persona es un universo diferente y una carta astral por descubrir, así que regresa a estas páginas cada vez que quieras saber cómo relacionarte con alguien en especial. Deja que la magia de los astros recorra tu ser y te guíe en tus relaciones.

ESTOY ORGULLOSE DE TI, MI CHIQUE.

xoxo

Mika Vidente

Agradecimientos

GRACIAS A MIS PAPÁS, SAGI Y ACUARIO, QUE SIEMPRE ME HAN APOYADO. A MI HERMANA CAPRI, QUE ME ACOMPAÑA EN MIS LOCURAS. A CHARDZ, MI LEO CON CORAZÓN DE ORO; A ALAN, MI TAURO DE CONFIANZA. A MI FAMILIA MÁGICA DE MAKIA, POR DARME LA FORTUNA DE APRENDER DE ELLOS TODOS LOS DÍAS; Y A TODES MIS BEBÉS DE LUZ, QUE SIEMPRE CONFÍAN EN MÍ Y ME DAN MUCHO AMOR TODOS LOS DÍAS. SIN USTEDES ESTO NO SERÍA POSIBLE. GRACIAS, GRACIAS, GRACIAS.